50 CLAVES
DEL ÉXITO

Daniel Rutois

Número de Control de la Biblioteca del Congreso de EE. UU.:   2011915287
ISBN: Tapa Dura   978-1-4633-0805-6
                         Tapa Blanda   978-1-4633-0804-9
                         Libro Electrónico   978-1-4633-0914-5

Este Libro fue impreso en los Estados Unidos de América.

Para pedidos de copias adicionales de este libro, por favor contacte con:
Palibrio
1663 Liberty Drive
Suite 200
Bloomington, IN 47403
Llamadas desde los EE.UU. 877.407.5847
Llamadas internacionales +1.812.671.9757
Fax: +1.812.355.1576
ventas@palibrio.com
359643

La automotivación es una de las claves del éxito.
Sin la motivación diaria que recibo de mis tres hijos,
no hubiese podido escribir, semana
tras semana, estas 50 claves.
Por ello, dedico este libro a Kevin, Gabriel y Andrea Rutois.
Su brillante futuro me motivará por siempre.

Siempre he escuchado que detrás
de un gran hombre hay una gran mujer.
No me considero un gran hombre,
pero sí sé que tengo una gran mujer.
Gracias, Patricia, por tu fe, apoyo
y amor incondicional.

ÍNDICE

INTRODUCCIÓN

Es posible que esté a minutos de entrar a un mundo que nunca había conocido, por lo que le ruego que lea esta introducción antes de empezar a comprender y adquirir las primeras 50 claves que le aseguro, sin titubeos, lo llevarán al éxito personal y financiero.

Se trata de un mundo que yo conocí hace alrededor 18 años y que deseo compartir hoy con usted.

Llegué a Estados Unidos como muchos inmigrantes: desconcertado, con miedos y poco dinero, sin estudios ni profesión, sin conocer el idioma y sin la documentación apropiada que me permitiera vivir y trabajar en este país. Pero venía también cargado de sueños.

Comencé a trabajar entregando pizzas y limpiando a presión de agua los pisos de algunos edificios, con lo que ganaba entre 30 y 50 dólares al día. En pocos meses todo cambió, gracias a la información que leerá resumida en estas 50 claves.

Durante estos últimos cinco años he estado escribiendo cada semana una columna para varios medios gráficos y de Internet sobre temas que también tratamos en segmentos de televisión o radio. Aunque comencé a escribir sólo para mí, en el transcurso de las semanas se fueron sumando los lectores, a tal grado que un día, en el año 2010, nos encontramos con que teníamos ya 100 mil lectores registrados.

Le resumo en unos ejemplos qué es lo que me motiva de los correos electrónicos que recibo: Que un joven me escriba desde Costa Rica, contándome que pensaba suicidarse y que su padre le hizo leer mi columna titulada ¿Está usted desmotivado?, lo cual lo llevó a que replanteara su vida y decidir cambiar; o que me escriba desde Venezuela un empleado que trabaja toda la semana para poder ir los viernes a un sitio donde se alquilan computadoras con servicio de Internet para leer mis columnas, mismas que lo ayudan a entender que ser pobre no es una sentencia a sufrir, sino una circunstancia que puede cambiar con sólo comenzar a usar las mismas claves que utilizamos muchos otros hispanos pobres para mejorar nuestra vida.

Me estimula que un joven de Colombia me relate que, a menos de seis meses de haber adquirido el hábito de leer mis artículos, ya dejó de lavar copas para ser el gerente de un restaurante; que una señora mexicana comparta conmigo que limpiaba casas y que hoy tenga una fábrica de tortillas que distribuye a los vendedores ambulantes y, a futuro, lo hará a grandes tiendas, o que un niño de 13 años me escriba desde España para comentarme que vive en un ambiente familiar muy negativo pero que, cada vez que sus padres lo hacen sentir mal, se encierra en su dormitorio y ve alguno de mis videos o lee una de mis columnas.

Me motiva que un mexicano desempleado haya pasado de ser un vagabundo a empresario, historia que narro en uno de los capítulos; que el dueño de una empresa en California me cuente que aumentó el sueldo a sus empleados y sus ventas subieron 23% en 12 meses; que un maestro mejoró sus ingresos en 300% con su creatividad al dejar las excusas y limitaciones de lado; que un ama de casa haya descubierto que sí hay tiempo para crear y que, tras prepararse, tenga ahora una empresa de traducciones, o que un vendedor de periódicos en el subterráneo de Buenos Aires cuente ahora con su propio negocio de venta de zapatos en pleno centro de la ciudad. Todo eso es gasolina para mi motor.

El ver los resultados de estos pocos ejemplos y saber que si con sólo algunas columnas semanales que la gente lea se consigue que alguien mejore su vida, me hizo preguntarme qué sucedería si escribiera un libro con las 50 claves que yo utilicé para cambiar mi vida y la de otros. La respuesta es este libro que usted está a punto de leer.

Comencé entonces a escribir las claves ordenadas cronológicamente para que usted vaya paso a paso, en la secuencia ideal y necesaria para tener las bases para cambiar su vida al segundo de haber terminado de leer. Y digo "al segundo", porque desde antes de empezar a leer, debe entender que la vida se modifica en esa fracción de tiempo, desde el instante en que usted decida hacer un cambio.

Suelo decir que la única parte difícil de mi trabajo es conseguir que la gente me escuche con los oídos y no con los ojos. Si yo consigo que una persona escuche, le puedo garantizar el éxito, aclarando que no soy yo quien cambia la vida de nadie, sino que todos pueden mejorar su vida, si en verdad se lo proponen. Yo soy simplemente un comunicador que desea transmitirle la información necesaria que utilicé para transformar mi propia vida por completo.

No importa su estado físico, económico o social; estas 50 claves no discriminan y son válidas para todos, por lo que comience a leer pensando: "Esto es para mí". Lo escribí para usted, es un uno a uno y, desde este momento, acéptelo y comience a leer con ese pensamiento.

Abra sus ojos, su mente y su corazón al leer este libro; ahora conocerá mi secreto, que es la fórmula que utilicé y quiero compartirle.

MI FÓRMULA

¿Cuánto invertiría la competencia por la fórmula de la Coca Cola o de Pepsi?

¿Cuánto invertiría yo, por el método de los señores Carlos Slim o Emilio Estefan?

¿Cuánto invertiría usted para conocer la fórmula que me llevó al éxito?

Fuera de lo que invirtió en adquirir este libro, el precio monetario que debe invertir para saber mi fórmula es $0.00. Pero, ¿por qué compartir el secreto? Primero, porque en la secuencia de estas tres fases que deberá seguir, está el secreto al éxito; asi como no es ideal ir a la secundaria antes que a la primaria, lo mismo sucede en el camino al éxito personal y financiero.

Segunda razón, porque la competencia es sana, bienvenida y ¡hasta divertida! De hecho, yo disfruto competir dado que, cuando hay buenos competidores, uno mejora forzosamente. Soy de la idea de que la vida en general puede ser aburrida cuando en la cancha no hay alguien que sea igual o más competente que uno mismo.

Además, comparto mi fórmula porque estoy sembrando y cosechando a la vez. En este campo aún en pañales entre la población latina, sé que habrá en un futuro muchos más talentos dedicados al crecimiento personal y superación personal como una filosofía, como un estilo de vida permanente que afectará el campo de la vida laboral y personal de toda la población, y esta fórmula ayudará a cada uno de mis futuros colegas.

Estoy convencido de que al adquirir estos conocimientos hoy, hará más sencillo su trabajo, su perspectiva ante la vida y el alcance será mucho mayor en materia de beneficios para todos.

Sin mayores preámbulos, aquí tiene la fórmula que usé para cambiar mi vida y la que utilizo día a día para ayudar a mejorar la vida de quienes me quieran escuchar.

La secuencia de estas tres fases son y serán responsables de su nueva vida:

FASE UNO. **Escuela primaria:** El primer paso fue aprender a automotivarme, a cambiar mi forma de pensar y a respetar el poder que tiene la mente, al tiempo que entendía que el subconsciente es el único responsable de nuestros éxitos o fracasos. Así como debió conocer las letras del abecedario antes de aprender a leer, debe contar con las 50 claves como una base para entender las técnicas que utilizará para conseguir el cambio.

• •

FASE DOS. Escuela secundaria: Una vez que tenga la actitud de vida adecuada, podrá eliminar malos hábitos, costumbres y gustos, terminar con las limitaciones, los vicios y complejos, y podrá mejorar su salud física y mental, disfrutando el camino que conlleva la práctica de estos ejercicios y técnicas que serán su nueva motivación.

FASE TRES. Universidad del Éxito: Desde este momento, está calificado y preparado para el paso más importante de su vida, que es educarse para convertirse en un gran **negociador** y graduarse con honores en la universidad del éxito.

La clave de esta fórmula se puede resumir así: autodescubrimiento de su talento como negociador en potencia. Sin importar a qué se dedica o quiera dedicarse, debe tener como meta la de ser un gran negociador, para llegar a triunfar en todas sus dimensiones. Un vendedor, un doctor, un político, un deportista, un periodista, un esposo, una empresaria, una madre, una hija, una actriz, todo ser humano puede descubrir su capacidad y su talento para lograr convertirse en un negociador si quiere sobresalir en la vida y disfrutar de las riquezas que están a su alcance.

Todos somos una semilla de éxito en potencia Piense que hay suficiente riqueza en el mundo para que todos vivamos millonarios. El talento está ahí. ¡Despiértelo ya!

Lo invito a que respire profundo, dé vuelta a la hoja y comience a disfrutar de los conocimientos que incorporará a su vida.

PASO A PASO...
Y ESCALÓN
POR ESCALÓN

Muchas veces la impaciencia nos hace tomar decisiones erróneas. Desde hoy, piense que podrá llegar a cumplir todas sus metas si es paciente y va paso a paso. Comience por elegir de este libro las herramientas que necesite para cambiar todos los aspectos de su vida que hoy lo limitan, los cuales van desde malos hábitos o costumbres, hasta su actitud respecto a la vida. El proceso comprende la necesidad de cambiar por dolor el placer que puede sentir por el consumo y el ocio.

Una vez que consiga hacer esta limpieza interior por la que muchos hemos tenido que pasar, podrá comenzar a prepararse para ser un gran negociador en la vida y conseguir lo que desee. Lo fascinante de todo esto es que, si tiene menos de 75 años, ¡está a tiempo para cambiar!, ya que en menos de cuatro años puede conseguir estar en donde quiera.

Estoy convencido de que no importa si la gente es analfabeta o pobre, si vive sin la documentación adecuada en Estados Unidos, si le falta un brazo o cree no ser inteligente, si limpia casas, lava automóviles, pide limosna, es vendedor, actor, periodista o empresario: el éxito **no discrimina**, así que no se discrimine usted mismo ya que puede mejorar su vida o llevarla al siguiente nivel.

Una pregunta que nunca falta en mis eventos es: ¿Cómo se cambia o mejora la vida de una persona en un plazo corto? Si debo hacer un resumen para contestar esa interrogante en pocas palabras, diría lo siguiente:

Primero, simplemente ármese de paciencia y disfrute el proceso; es decir, día con día o paso a paso. Muchas veces la ansiedad juega en contra nuestra y la falta de resultados inmediatos nos desmotiva y aleja de nuestra meta. Recordemos que hay que aprender a caminar antes de correr, que cada paso necesita ser firme y continuado.

Luego, establezca una serie de metas pequeñas o medianas, dibuje en su mente una escalera con los peldaños necesarios, y cada semana suba un escalón hasta que llegue a la cima. Salga a festejar ese día y trate de que éste sea el mejor de su vida, sin importar el dinero que gaste. Al día siguiente, dibuje una nueva escalera y espere a alcanzar la nueva cima para volver a festejar, pero **obviamente no olvide el consejo anterior de disfrutar ¡el día a día!** Si prefiere visualizar el concepto, puede dibujar esa escalera en un papel y ponerla en un lugar accesible.

Me animo a decirle que resumí más de 10 años de mi vida en esta obra; ojalá mi propia experiencia lo motive y le demuestre que, si yo pude, cualquiera puede. Recuerde que yo repartía pizzas y que antes de tener esa "oportunidad", limpiaba pisos con agua a presión... así que deje las excusas para los que quieren vivir a medias ¡y comience a vivir en la abundancia!

CLAVE 2.

YO **NO** NECESITO MOTIVACIÓN

Muchas personas dejan pasar su vida sin saber que fueron víctimas de una mala programación mental, la cual es la principal responsable de sus carencias. Lo positivo de esto es que si usted lo desea, puede cambiar esa programación en un instante. Sí, leyó bien: en un instante, cuando decida dejar de pensar y actuar como lo ha hecho hasta ahora, podrá comenzar una nueva vida.

Para conseguir el cambio existen herramientas que desarrollaré en **50 sencillas claves**. Comencemos entendiendo que la auto motivación es una herramienta esencial. Mucha gente cree que con ir a un seminario de motivación o con leer libros con mensajes –del estilo de *¡Usted puede! ¡Trabaje mucho y verá los resultados! ¡Usted es único! ¡La vida es linda, sea positivo!*, entre otras tantas palabras huecas–, su vida cambiará, pero no es así. Suelo decir que la motivación por sí sola no sirve para nada, porque tiene el mismo efecto que inflar un globo que sube y sube, pero el cual, cuando se le saca el aire, vuelve al suelo. Lo mismo sucede con la motivación hueca: motiva a la persona y a las 24 horas la devuelve a su estado anterior.

La motivación que cambió mi vida y la de miles de personas es la **automotivación**. Es la que permite aprender a modificar malos hábitos, costumbres, complejos y limitaciones, cuidar su cuerpo y mente, educarse con placer en muchos temas incluyendo los financieros. El resultado es ilegar a la excelencia!

Todo esto se consigue entendiendo y aceptando que la vida se puede ver más desde la perspectiva de un juego y no como un desafío constante o una lucha continua. Ese simple pensamiento lo hará levantarse con otra actitud que le permitirá disfrutar más del día. La **automotivación** proviene de usted mismo... la dispara al generar ideas distintas y al encarar la vida con todas sus curvas, rectas, explanadas y precipicios dentro de un marco equilibrado que usted ajusta y monitorea todos los días.

Absolutamente todas las personas tienen algún aspecto de su vida que deben o quieren cambiar o mejorar; lo importante es tener la modestia necesaria para aceptarlo e invertir el tiempo en lograrlo.

Entre la población latina, prevalece una actitud cultural muy diferente a la de la población anglosajona con respecto a consumir información sobre superación personal o de asistir y participar en eventos de motivación. Mucha de nuestra gente no va porque cree que no son importantes, o que no hay nada que deban o puedan cambiar. Algunos están en una mejor situación económica y creen que no son para ellos. Muchos otros acuden, pero se sientan con una actitud de incredulidad y desafío que se traduce en "a ver: motíveme" en vez de aprovechar, confiar en el presentador y permitirse recibir información que, sin duda, enriquecerá algún aspecto de su vida.

En mis seminarios, siempre pregunto quién fue a la escuela primaria para aprender a leer, quién fue a la secundaria para aprender Historia, Ciencias o Matemáticas, quién fue a la universidad para recibirse en alguna profesión o bien, quién fue a una escuela o club de futbol, básquetbol, baile, computación, etc. Absolutamente todos levantan la mano en la mayoría de las preguntas.

Luego les pregunto quién considera que es necesario tener un entrenador de vida y financiero –lo que se llama en inglés un *Life Couch*– que les guíe, con técnicas probadas, para cambiar sus hábitos y costumbres o a entender cómo programar su subconsciente, cómo llegar a sus metas, la importancia de apagar el piloto automático, cómo y en qué invertir, cuáles son los caminos al éxito y cómo cuidar su mente y cuerpo.

Ante esa pregunta, todos levantan la mano y comienzan a preguntarse cómo es que no lo había pensando antes. Ya la historia demostró que todo esto funciona, que no es un secreto de pocos. No estamos en 1900, experimentando: hoy, 111 años después, tenemos a millones de personas que viven en la abundancia y gozan de los estándares de vida superiores que todos tenemos derecho a disfrutar. Se dice que de cada diez personas hay un Carlos Slim, un Ricky Martin, un Don Francisco, un Messi, una Shakira, un Emanuel Ginóbili, un Emilio Estefan, una Oprah, un Bill Gates o un Donald Trump, como ejemplos de personas exitosas.

La única diferencia es que ellos descubrieron su genio y talento, el que todos tenemos dentro, lo que posiblemente usted no haya hecho aún. En algún momento de su vida, ellos necesitaron orientación y buscaron información de cómo llegar a descubrir y desarrollar sus capacidades.

Comience por entender que el subconsciente es el poder que tiene el ser humano para ser dueño de su destino.

¿Qué es el subconsciente? El cerebro del ser humano se divide en consciente y subconsciente. El primero trabaja con nuestros cinco sentidos, cada uno de los cuales tiene una experiencia que produce impresiones en el cerebro, mismas que quedan grabadas y por eso podemos recordar cosas.

El consciente sabe la diferencia entre lo real y lo imaginario, mientras que el subconsciente no sabe la diferencia y es 90% más poderoso que la mente consciente; por eso cada pensamiento que envíe a su subconsciente se hará realidad.

Lo interesante es que nosotros podemos alimentarlo como queramos, y de esa alimentación dependerá nuestro futuro. Todos los grandes personajes del mundo supieron alimentar su subconsciente y lograron todo lo que deseaban.

Tenga en cuenta que, al igual que su corazón, el subconsciente trabaja las 24 horas, por lo que si lo programa correctamente estará trabajando mientras usted duerme en buscar el camino que lo lleve a cumplir sus órdenes. Puede programarlo para mejorar cualquier aspecto de su vida; sí: **cualquiera.**

La mejor herramienta es la visualización; usted necesita visualizar imágenes del resultado esperado, para que el subconsciente reciba su mensaje y quede grabado; de esta forma nunca se le olvidará.

Hay palabras que debe sacar de su vocabulario, como: "nunca podré", "fallaré", "no puedo hacer eso", "no soy capaz", "no tengo suerte", "la vida es complicada" y "nunca tendré dinero", entre otras tantas, dado que su subconsciente acepta estas palabras como verdaderas y pueden limitarlo de por vida. Entrene a su mente consciente para que piense en éxito, prosperidad, alegría, salud, amor, y muy pronto se convertirá en una persona exitosa.

Utilice esa nueva energía en su mente subconsciente para atraer el éxito a su vida. Recuerde que su subconsciente es el sitio en donde se alojan sus recuerdos y la información que usted envía a diario, así que sea selectivo, y su subconsciente no vivirá confundido y sin rumbo.

Si necesita un ejemplo del poder del subconsciente, aquí se lo doy: Si usted le pregunta a un señor de 80 años qué comió ayer, es posible que no lo recuerde, pero si le pregunta a dónde fue de vacaciones hace 60 años, se lo contará con lujo de detalles. ¡Ése es el poder que tiene nuestro subconsciente!

Recuerde que lo único que no se puede recuperar es el tiempo, por lo tanto ¡comience ya!

CLAVE 3.

AÑO NUEVO, ¡VIDA NUEVA!

Sin importar en qué época esté leyendo usted este libro, recuerde esta clave cada mes de enero, porque contiene un paso que no puede faltar en su recorrido hacia el éxito. Si estamos en septiembre, le sugiero que anote las metas que tenga desde hoy hasta el 31 de diciembre y luego, cada enero, escriba las metas para el año completo que inicia.

Para mí, cada 31 de diciembre termina una carrera y el 1 de enero ¡comienza otra! Realmente no importa si se llega en primero o último lugar, sino el saber que se llega a la meta cada año. ¿Por qué no importa si llega primero o último? Porque como en toda carrera física, nadie llega primero en su primer intento; sin embargo, con práctica, dedicación y conducta, es sólo cuestión de tiempo hasta que "gane" su carrera.

En la vida sucede igual. Lo importante es entender que la jornada de la vida en sí es una carrera. Puede correr a la par de los demás, gatear o caminar. Su ritmo es indescriptible a veces porque no ve a los lados y, en otras, es sobrecogedor porque se compara constantemente y no se concentra en sus recursos para continuar en su propia carrera.

Por lo tanto, **hoy** comienza una nueva oportunidad para todos los seres humanos que habitamos este planeta. Está en usted comenzar a entrenar o seguirse capacitando para mejorar aspectos de su vida.

El mensaje tiene un objetivo concreto: Invitarle a tomar medidas específicas, las cuales le llevarán a ver resultados; por lo tanto, lo primero que debe hacer hoy mismo es escribir sus metas a corto plazo (12 meses) y a largo plazo (48 meses). En la clave 22 le daré un ejemplo concreto de cómo plantearse las metas para que le sea más fácil llegar a ellas.

He aprendido que es difícil hacerle aceptar a la gente que está en condiciones de mejorar su vida, que apague su piloto automático para dejar entrar al subconsciente nuevos datos o información diferente a la que recibe cada día. Puedo decirle, sin sentirme el Mesías, que las ocasiones en que lo conseguí, fue justamente cuando la gente mejoró su vida. Sus testimonios e historias me hicieron aprender que no importa en qué condiciones se encuentre el ser humano – puede ser la persona más pobre, analfabeta, abusada, una ejecutiva que no había sido apreciada o cuyo talento permanecía sin ser descubierto– todos pueden mejorar su vida financiera si de verdad lo desean.

Le voy a confesar que una de las cosas que me producen enojo son las personas que viven esperando que algo suceda o que un milagro les permita vivir mejor. Es común escuchar frases como: "Si Dios quiere, este año me irá mejor... Lo dejo en manos de Dios... Lo importante es el amor por el prójimo". Sesenta años después se dan cuenta que eso no sucedió, pero ya es muy tarde. No voy a dar cátedra de religión porque es una materia que no domino y respeto sus asuntos de la fe. Sin embargo, creo que Dios sí quiere que le vaya a usted bien, porque si todos somos iguales ante Él, ¿por qué a unos les va bien y a otros no? Simplemente porque unos tomaron al toro por los cuernos y otros esperan que lo bueno les caiga del Cielo.

Tal vez ningún profesional en el campo de la motivación y la superación personal le diga eso pero, como suelo decir, no se consigue nada diciéndole a la gente lo que está acostumbrada a escuchar o lo que quiere oír. Yo no escribo para quedar bien con el lector ni para desahogar un tumulto de energía personal, sino para ayudarlo a mejorar su vida financiera. Estoy convencido de que muchos pueden abrir los ojos cuando yo me atrevo a decir las cosas con sinceridad y convicción. Al final, usted termina siendo el juez.

¡Hoy es un gran día! Hoy el universo le da una nueva oportunidad. Si está leyendo este libro es porque quiere una vida mejor y eso habla muy bien de sí mismo. Usted tiene en los genes la célula responsable de enviar mensajes de superación al cerebro; esa célula es más valiosa que todo el dinero del mundo, debe darle todo el valor que tiene y el resultado será todo ese éxito que está ahí, esperándole.

Lo desafío a que, por una vez, cambie su forma de pensar y comience a escribir sus metas **ya**. No tiene nada que perder y sí mucho por ganar. Si sigue mi consejo y yo me equivoco, lo peor que puede sucederle es que siga igual que hoy pero, si yo estoy en lo cierto, prepárese: Empezará a mejorar su vida en forma inmediata y, desde ese momento, ¡el límite lo pondrá sólo usted!

CLAVE 4.

SER POBRE, DUELE

Éste es un tema difícil pero obligatorio si pretendo conseguir un cambio significativo e importante en su vida. Una de las técnicas infalibles para mejorarla, es sentir suficiente dolor por lo que no nos gusta de ésta, y así conseguir la energía necesaria para modificar nuestra realidad.

Lo admita o no, si lo piensa por un minuto, estará de acuerdo en que *ser pobre, duele*; si entiende esto como una situación temporal que tiene remedio, podría ser suficiente para que comience a trabajar para cambiar esa percepción de dolor y molestia.

Un gran porcentaje de las personas pobres lo son pues durante su vida se han alimentado de actitudes equivocadas que enviaron al subconsciente, las que, estoy convencido, son la razón principal de que hoy sufran ese dolor.

Es posible que, con el pasar de los años, usted haya permitido que esa idea se haya convertido en su verdad y que, inconscientemente, piense que está así por mala suerte, por no tener estudios, por falta de oportunidades, por carencia de amor, por culpa del país o de su familia, etc.

Hoy, yo quiero que usted piense y decida si la **única** razón por la que usted está así es porque piensa que trabajar duele, que estudiar duele, que sacrificarse cinco años de una vida de 80 años duele, que trabajar tiempo extra duele, que ahorrar duele y que invertir es algo que ni pasa por su mente. Analice también si ver televisión le da placer, si tomar unas cervezas le da placer, si el ocio da placer, si comer le da placer, si estar sin trabajar da placer y si, como resultado, se llega a la pobreza en todas sus formas.

Ahora medite. Cuando sube a su automóvil viejo y no arranca, ¿duele? Cuando no puede ir de vacaciones, ¿duele? Cuando está a punto de perder su casa, ¿duele? Cuando le dice que no a sus hijos, ¿duele? Cuando tiene que soportar a su jefe por ese cheque, ¿duele? Cuando no sabe qué será de su futuro, ¿duele? Cuando sabe que tiene salud, que es un ser humano normal y que tiene las mismas neuronas que los exitosos, ¿duele saber que es igual a ellos y, sin embargo, es pobre?

Mi intención es que le duela lo suficiente como para que comience a darse cuenta de que le debería doler mucho más estar sentado mirando televisión o viendo cómo pasa la vida, en lugar de estar buscando en Internet nuevas fuentes de ingresos o leyendo un libro de negocios. ¿Alguna vez pensó que un buen plomero puede ganar más dinero que un gerente de un banco? Lo mismo sucede con un buen pintor, mecánico, vendedor o con quien ejerza cualquier otro oficio o profesión; súmele que así sería su propio jefe por lo que, además de generar mucho más dinero, será libre con su tiempo y no tendrá temor a que lo despidan.

En mis seminarios suelo decir que es **mejor sacrificarse cinco años de la vida que vivir sacrificado toda la vida.** Le doy un ejemplo:

Dos jóvenes amigos terminan juntos los estudios secundarios. Uno decide ir a la universidad, estudiar cinco años y recibirse de abogado; el otro resuelve disfrutar la vida y no sacrificarse más: trabaja para tener dinero rápido e ir a las discotecas todos los fines de semana, tiene más dinero que su compañero y se compra un automóvil nuevo –mientras que su compañero viaja en transporte público–, se va de vacaciones al Caribe, se casa y tiene un hijo. Su amigo, en cambio, sigue estudiando. A los cinco años se encuentran y aquél que dejó los estudios abraza a su amigo y lo mira con pena porque él tuvo cinco años de fiestas, diversión y dinero, mientras que el otro está pálido y delgado de tanto estudiar. No se ven más hasta que, 15 años después, el ahora abogado contrata a una empresa para que construyan una cancha de tenis en la parte trasera de una casa de dos acres en uno de los mejores vecindarios de la ciudad. La tarde en que los obreros comienzan a trabajar en la casa de este prestigioso abogado hace un calor insoportable en Miami. El abogado siente pena por esos trabajadores que se esfuerzan bajo el sol y les lleva agua... el obrero que en ese momento le acepta el vaso es su amigo de la secundaria. *Moraleja: Sacrifíquese cinco años de su vida y así no vivirá sacrificado el resto de ésta.*

Desde hoy, cada vez que sienta ganas de hacer algo que le da placer y que debería causarle dolor, recuerde este ejemplo, y verá que comienza a cambiar su escala de valores y automáticamente empezará a ver otra luz en su vida.

Quiero estar seguro de que mi mensaje se entiende y por eso seré reiterativo. Si maneja un auto que no le gusta, si vive endeudado, si sus problemas son financieros, si no recuerda la última vez que salió de vacaciones o no tiene ahorros suficientes para vivir sin trabajar durante al menos un año en caso de un imprevisto, comience a sentir **dolor** cada día que no haga algo para mejorar su vida. Ese nuevo deseo de vivir mejor le ganará la batalla a su otro yo, ése que todos tenemos dentro y que tiende a querer hacer el mínimo esfuerzo posible para sobrevivir.

Si leyó hasta aquí, creo que entiende por qué elegí el título de esta clave y estará de acuerdo en que es verdad que *duele ser pobre*, pero yo creo que duele más saber que se es pobre por elección y no por el destino. Si un ser humano cree que es pobre porque así lo decidió el destino o por su herencia, automáticamente se sentencia a sí mismo a una vida de limitaciones. En cambio, si reconoce que es pobre por elección, tiene la oportunidad de modificar su camino, su futuro y su destino.

La función principal de esta clave es actuar como un despertador ya que todos, en algún momento, necesitamos que nos despierten para que podamos apagar el piloto automático que el cerebro muchas veces se encarga de encender para no tener que trabajar.

Aunque apenas estamos en el inicio de este libro, lo invito a que motive a sus hijos a leerlo, para que luego ellos mismos busquen más información y construyan su propio futuro. En la vida no hay que esperar a enfermarse para comenzar a cuidar nuestro cuerpo y tampoco hay que aguardar a llegar a la bancarrota para empezar a aprender cómo velar por nuestras finanzas y futuro.

*Si hoy reconoció que es pobre, lo felicito; si dentro de 12 meses sigue reconociendo que es pobre, vuelva a leer este libro e inscríbase **gratis** a mi próximo seminario.*

"Vacía tu bolsillo en tu mente, que tu mente mantendrá lleno tu bolsillo".

CLAVE 5.

NO SOY DE AQUÍ, NI SOY DE ALLÁ

Un factor específico que impide a muchos emigrantes triunfar es que viven confundidos, sin saber a dónde pertenecen. El sólo hecho de tener un pensamiento erróneo –"si me va mal, me regreso a mi país"– es suficiente para no lograr superarse en su nuevo lugar de residencia.

Sin duda, uno de los pasos a seguir para llegar al éxito es adecuarnos y aceptar al nuevo país que hemos elegido para vivir. Mucha gente no consigue cumplir sus sueños por la simple razón de que nunca termina de decidir en dónde quiere vivir. Nunca acaban de identificarse con el lugar en el que habitan y con su entorno.

Hay numerosas personas que han permanecido en Estados Unidos por más de 20 años, no hablan inglés y viven de cheque en cheque. Esto sucede porque su mente nunca ha aceptado el cambio y viven el día a día pensando en volver, sin saber que ésa no es la solución sino, entre otras cosas, un escape mental del miedo a superarse.

Muchos se sienten inconformes con su vida y le atribuyen al país la responsabilidad de todo lo que les pasa. Huyen pensando que su vida será mejor en otro lado y así pasan los años, viajando como gaviotas, sin cumplir meta alguna.

Cuando están en los Estados Unidos, muchos anhelan volver a su país, extrañan justo aquellas cosas que los hicieron emigrar y viven siempre pensando: ***"Si me va mal, me regreso"***. Si piensan así, está garantizado que les irá mal y regresarán a su lugar de origen derrotados. Su mente –y aún más importante, su subconsciente– no trabajarán para resolver ningún problema, por más pequeño que sea, porque saben que el regreso es cuestión de tiempo.

Las personas que no se sienten ciudadanas de este país regresan al suyo después de algunos años y, al volver, comienzan a extrañar su casa en Estados Unidos, su auto, la seguridad, su trabajo y todo lo que no tienen allá. Sienten que no pertenecen más a su lugar de origen y, por lo tanto, **no son de aquí, ni son de allá.**

Decida en dónde quiere vivir los próximos 20 años. Tenga en consideración que le dije **los próximos 20 años** y no el resto de su vida. De esta forma, le estoy diciendo a su mente y al subconsciente que tal vez regrese en algún momento. Así, no será tan brusco el cambio mental y le será más fácil. Yo le garantizo que en 20 años ya no querrá regresar a su mundo anterior porque ya echó raíces y construyó un nuevo mundo. ¡Le aseguro que se sentirá más de aquí que de allá!

Ahora que decidió en dónde vivirá los próximos 20 años, comience a amueblar su casa como siempre quiso. Compre ese automóvil que siempre deseó y comparta con su familia su decisión y su nueva actitud. Ellos también necesitan esa estabilidad para comenzar sus propias vidas en este país; estuvieron esperando este día durante años y hay que celebrarlo. A partir de mañana se despertarán sintiéndose diferentes y podrán decir con firmeza y alegría: **"Ésta es mi casa".**

Usted verá que todo cambiará: su trabajo mejorará y su mente comenzará a enviarle ideas nuevas y productivas que, si analiza, lo harán cambiar su estado financiero y emocional en corto tiempo.

Al cabo de 24 a 36 meses, me atrevería a recomendarle que tome unas merecidas vacaciones y visite su país u otro. Esto lo ayudará a darse cuenta de la buena decisión que tomó y le dará más energía para seguir superándose en éste, su nuevo país.

Pero ahora, *a trabajar, a juntar dinero y a iniciar algún negocio propio* adicional al actual, en el rubro que le interese. Ésta será la base para su próximo escalón –la independencia económica– y, aún más importante, el levantarse cada mañana para trabajar en lo que le gusta.

"Muchos de los fracasados de la vida son aquellas personas que no se dieron cuenta de qué tan cerca estaban del éxito cuando se rindieron". Thomas Edison

Le dedico esta clave a todos los inmigrantes que, como yo, llegamos a Estados Unidos en busca de cumplir el "Sueño Americano". ¡A ustedes que lo cumplieron y al resto que está en camino de cumplirlo!

CLAVE 6.

EL PODER DE LA MENTE Y DE LA GENTE

En el campo de la motivación y la superación personal hay varios aspectos a desarrollar para iniciar un cambio real en la persona. Esta clave explica el poder de la mente y el de las personas que lo rodean. Comenzaré con una frase que le invito a leer varias veces:

"Si usted no puede controlar su mente, usted no puede controlar su vida".

Su mente es muy poderosa, acepte esta realidad. Se dice que es un millón de veces más poderosa e inteligente que una sofisticada computadora por lo que, si se le programa positivamente, los resultados serán exitosos e infinitos mientras que, si se programa negativamente, lo llevará a una vida de mucho dolor. Lo interesante es que se requiere del mismo esfuerzo programarla de una forma que de otra. Así que, desde hoy, usted decide.

Si le dice a su mente que se siente enfermo y que algo está mal en su organismo, la mente trabajará para cumplir "su deseo" y, en cuestión de tiempo, efectivamente se enfermará. Afortunadamente, este ejemplo también trabaja a la inversa; es decir, si está enfermo y se convence de que no lo está o de que se curará pronto, seguramente servirá para que esto así suceda.

En uno de mis seminarios comenté sobre el caso real de un señor que acudió a su doctor para hacerse su chequeo anual. A los cinco días le pidieron que fuera al consultorio con su esposa, le comunicaron que padecía de cáncer terminal y que sólo le quedaban tres meses de vida. Él decidió pasar sus últimos días en casa, en compañía de su familia. Pasados los tres meses, seguía vivo y sin síntoma alguno; lo mismo ocurrió a los seis meses. Toda la familia estaba contenta porque podía disfrutar de su ser querido por un tiempo

• •

mayor al pronosticado. A los 12 meses, el señor estaba vivo aunque no se sentía bien. A los 24 meses ya no podía caminar y fue hasta los 38 meses que murió. Meses después, citaron a su esposa a una reunión en un despacho de abogados, en la que le informaron que, por error, se habían cruzado los resultados de los estudios de su esposo con los de otro paciente y que su marido nunca había padecido enfermedad alguna. Este señor murió por el poder de su mente.

Este ejemplo es sólo uno de miles que nos narran cómo hay gente que ha muerto o que no ha llegado a cumplir sus sueños, simplemente por culpa de la información con la que alimentaron su mente, la cual es como la caja fuerte de un banco que en vez de guardar 10 millones de dólares, atesora algo mucho más valioso: sus ideas, sus hábitos, su subconsciente, su programación.

Ahora hablemos del poder de la gente, un tema trascendente al que tampoco le prestamos la atención necesaria. Recuerde: ***"Usted es el promedio de las cinco personas que lo rodean"***. Esto resume la importancia de lo que hablaremos a continuación.

¿Alguna vez pensó: "Soy capaz, inteligente, trabajador, tengo más cualidades que mucha gente y no me va tan bien como quisiera"? La próxima vez que lo piense, escriba en un papel los nombres de las diez personas que más frecuenta y notará que usted está igual o en un estado semejante al de ellas. Probablemente a estas personas no les vaya demasiado bien en la vida, ya sea por no tener metas, sueños, ideas o pensamientos positivos; seguramente, usted está contagiado de esa energía negativa.

Usted puede ser la persona más sana del mundo, pero si está en contacto con alguien que tiene algún virus contagioso, se enfermará con el mismo virus; así es exactamente como funciona la energía negativa de la gente y eso está documentado.

Si quiere un cambio real, pague el precio y termine con las relaciones laborales, amistosas y amorosas que no le permiten modificar su vida, las que lo intoxican a diario con comentarios y acciones negativas o mal intencionadas. Huya de la gente envidiosa, de la gente que ve todo mal, de la gente que siempre tiene quejas, de la que no quiere progresar y mejorar en la vida, de la gente que gasta más de lo que gana.

Cuando cambie a estas personas por otras con metas similares a las suyas, gente luchadora, con ganas de superarse y motivada, verá un cambio inmediato. Sin importar qué trabajo tenga o cuánto dinero gane, de usted depende comenzar a vivir mejor **¡ya!** Puede ganar más dinero **¡ya!** Puede ser más feliz **¡ya!** ¡Cambie su entorno y cambiará su vida!

"Lo que distingue a los ganadores de los perdedores, es que los ganadores actúan".

EL PESO EN SUS HOMBROS

Algunas de las preguntas que me hacen con mayor frecuencia son: ¿Por qué algunas personas llegan a la libertad económica y otras no?, ¿por qué unos cumplen sus metas y otros no lo logran?, ¿por qué hay gente que siempre es positiva y otra que siempre es negativa?, ¿por qué hay quienes siempre lucen jóvenes y saludables? Aunque las razones son muchas, hay una que es la responsable de que mucha gente viva inconforme sin saber por qué.

¿Por qué los niños se la pasan saltando todo el tiempo y los adultos no? Usted dirá: "Porque son niños", pero la realidad es otra; saltan todo el tiempo porque no cargan un peso sobre sus hombros. Cuando pregunto por qué muchas personas adultas se achican con los años, me responden que se debe a que son mayores y que esa transformación es parte del proceso de la vida. Y, sin embargo, la respuesta es otra: La falta de calcio y ejercicio hace que los huesos se gasten y disminuyan su tamaño en forma natural, por lo que la altura de muchas personas se reduce; si desde hoy cuida su cuerpo, no hay razón lógica ni médica para que esto suceda en proporciones desmedidas.

El caso es que muchas personas ni saltan ni hacen ejercicio ni llegan a la libertad económica por tener demasiado peso sobre sus hombros.

Yo soy ejemplo de esta realidad. Viví muchos años con dos grandes pesos sobre mis hombros que no me dejaban salir del laberinto mental y emocional. Uno era un sentimiento de reproche continuo hacia mi padre, por no entender su manera de tratarme. El otro gran peso era la ansiedad por el ascenso socioeconómico rápido. El de querer conseguir el éxito y el dinero a toda costa y ya. Si bien es un proceso de madurez personal, el día que acepté a mi padre tal como era, y entendí que yo debía disfrutar el viaje o recorrido paulatino

● ●

hacia mi libertad económica, conseguí sacarme ese gran peso. Desde entonces cambió mi vida porque aprendí a desprenderme de lo que no me permitía avanzar hacia cada una de mis metas.

Durante mis seminarios, casi siempre le pido a la gente que cierre los ojos y ponga todos sus supuestos problemas en una bolsa imaginaria, que la aten y, literalmente, la lleven fuera del salón; así consigo quitarles el peso de los hombros, aunque sea por unas horas, para tratar de llegar al subconsciente de cada uno y conseguir cambios trascendentes.

Eso es exactamente lo que le pido que haga usted antes de salir de casa. Todos tenemos asuntos que resolver, relaciones familiares que pueden darnos dolor de cabeza u, ocasionalmente, dificultades económicas. Si comprende que esas circunstancias son parte de la vida, y enfoca su mente y energía en buscar cómo vivir mejor cada día, verá que su vida mejora inmediatamente. Si pasa todo el día pensando en los "problemas" que cree tener, nunca saldrá de ese círculo vicioso que lo limita. Es importante entender que los problemas son siempre más pequeños de lo que su mente los ve.

Si consigue sacar poco a poco ese peso que, sin saber, lleva en los hombros, verá cambios sorprendentes, como el sentir ganas de hacer ejercicio, ver más claro su futuro, tener una mejor actitud con la vida y la gente, aprovechar mejor el día, hacer feliz a sus seres queridos, comenzar a ganar más dinero y producir nuevas ideas que le brindarán el bienestar que siempre deseó y que posiblemente nunca tuvo.

El peso mental en sus hombros es uno de sus peores enemigos: Comience a sentirse más liviano y comprobará que ¡su futuro está en sus manos!

CLAVE 8.

ANTICIPARSE A LO QUE SUCEDERÁ

La anticipación es una de las mejores herramientas que usted puede utilizar para llevar al siguiente nivel a cualquier negocio o empresa. Esta clave por sí sola puede cambiar su vida inmediatamente.

Uno de los secretos de los triunfadores es que se anticipan a lo que sucederá, piensan a futuro y no en presente o, aún peor, en pasado. No permiten que su mente los engañe haciéndolos creer que deben esperar a "ver qué sucede".

Hace aproximadamente unos 20 años, los ingresos importantes de AT&T eran generados por las llamadas de larga distancia. Imagine a millones de personas llamando de un país a otro y pagando dos dólares por minuto, ¿podría haber un mejor negocio? Pero, ¿dónde estaría AT&T hoy si no se hubiese anticipado a los cambios que venían?

De igual forma, a pocos años de la creación de Internet, se produjo el mayor número de nuevos millonarios en la historia, gracias a que algunas personas se anticiparon a las necesidades que surgirían con este cambio en las comunicaciones. Así nacieron Google, Yahoo, Amazon, eBay, etc.

Usted puede estar pensando que esas oportunidades ya pasaron, pero siempre habrá nuevos negocios y nuevas oportunidades. Es importante que, desde hoy, capte el significado que acarrea el poder de la anticipación. Así como hay ejemplos positivos de este poder, también hay ejemplos del aspecto negativo que conlleva el no estar atento a las señales.

Por toda América Latina existían pequeños mercados y tiendas de electrónica. Al surgir los grandes almacenes o cadenas de supermercados, los negocios pequeños quedaron fuera de competencia, perdieron sus ventajas y desaparecieron. Si se hubieran anticipado, habrían vendido a tiempo, con lo que, además de recuperar su inversión, quizá podrían haber invertido en algo nuevo, ahorrándose años de desgaste y de estar nadando contra corriente.

Recuerde que: **el dinero va y viene, pero el tiempo sólo va...**

Analicemos ahora algunos aspectos de la crisis económica en Estados Unidos: De 2002 a 2005 muchos "triunfadores" ganaron millones de dólares comprando y vendiendo propiedades, gracias a que se anticiparon a la gran demanda que parecía venir. Tiempo después, de 2005 a 2007, el resto de la población del mundo compró esas propiedades que los "triunfadores" vendían y... ya sabemos cómo les fue. ¿Dónde estuvo el error? En que estos últimos compraron por lo que **oían**, sin hacer ningún tipo de estudio de lo que podría suceder en unos años y, obviamente, no se anticiparon a lo que venía.

Fue y sigue siendo sorprendente para mí, el haber visto a personas preparadas, educadas y con mucho dinero, invirtiendo en propiedades en 2006, sabiendo que esa misma propiedad valía, dos años atrás, la mitad. Obviamente, no conocían la dinámica del negocio, porque ¿hasta dónde puede llegar el precio de un apartamento que inicialmente costaba 200 mil dólares y que ya se revendió en 500 mil dólares? ¿En cuánto más pensaban venderlo?

Si esos individuos se hubiesen cuestionado más sobre el tema del alza de precios en las propiedades estadounidenses, sin dejarse llevar por la euforia o los consejos de gente que tenía interés monetario en la transacción, se habrían evitado grandes pérdidas con un sencillo razonamiento: ¿Cuánto más puede seguir subiendo una propiedad? ¿Cuál es el límite?

El mismo ejemplo se puede usar para la gente que **hoy** está perdiendo su casa y le carga la culpa al gobierno o a la economía. Si se hubiesen anticipado a lo que venía, estarían en otra situación. La lección ha sido dura. Obviamente no lo sabían, y confiaron en la euforia de los asesores inescrupulosos y la locura de los medios.

Como dije antes, nuestro peor enemigo no es el gobierno o la economía. En muchos casos el peor enemigo es nuestra **mente**. Muchos permitieron que la euforia y el entusiasmo los engañara en medio de un ambiente poco regulado y hoy están pagando las consecuencias.

¿Cuáles son las conclusiones del tema? Primero, entender que todos cometemos errores que nos enseñan lecciones y que debemos aprender de ellos. Segundo, desde hoy recuerde la palabra **anticipación** cada vez que tenga que tomar una decisión importante.

Estos mismos principios son los que usted debe utilizar para cuidar su cuerpo; si ve que tiene sobrepeso y piensa que son sólo unas libras de más, también piense que si sigue comiendo igual, esas libras se multiplicarán con los años. O en las relaciones familiares, si algo no va muy bien, si no hace nada al respecto, con el tiempo todo irá mucho peor. Anticípese a que le pidan el divorcio o esté alerta y prevenga para evitar que un hijo le diga que ya no puede dejar las drogas.

La anticipación debe ser su mejor arma al momento de negociar o iniciar un nuevo proyecto.

CLAVE 9.

¿USTED TRABAJA POR **PLACER** O POR **DINERO?**

Éste es el primer tema del que hablo en mis talleres de negocios y trabajo. He decidido desarrollar aquí algunos de los puntos más importantes, para que las personas que todavía no se hayan dado cuenta de la necesidad de estos talleres se beneficien con información que cambiará, a partir de hoy, la forma en que ven su trabajo y que, probablemente, les llevará a obtener más dinero.

Más del 80% de las personas trabajan por la necesidad de recibir un cheque para sobrevivir sin tener que salirse del área de confort en que viven. Esta aparente comodidad les evita tener que arriesgarse, pero también les impide algún probable dolor. Los años pasan y viven con la ilusión de que esta situación es pasajera y que algún día cambiará por sí sola. La mayoría de las veces esto no ocurre por la simple razón de que **nunca** toman acción, y no dejan de lado ese miedo paralizante que hace que no se superen en la vida.

El cerebro piensa: "Si dejo este trabajo, se derrumba todo; si me despiden, nos vamos a la bancarrota; ¿qué pasará si no tengo para darle de comer a mis hijos?". Éstas son sólo tres de las limitaciones habituales a las que recurre nuestro cerebro por miedos o temores, pero lamentablemente, la lista es interminable.

El miedo es el principal enemigo cuando usted piensa a diario en estas limitaciones. **Usted está condenado de por vida** a ser esclavo de ese cheque, simplemente porque no se permite ningún otro pensamiento que lo lleve al cambio financiero y emocional.

¿Cómo puede ser realmente feliz si vive así? A partir de hoy, **tenga más temor a la situación actual que a la futura** y comience a trabajar en cambiar el miedo por placer. Resolverlo es mucho más fácil de lo que usted y su mente creen. Estoy convencido de que si la gente supiese lo fácil que es cambiar su estado emocional y financiero, existiría mucha menos pobreza en el mundo. Así de simple.

A partir de hoy, vaya a su trabajo **por placer y no por el cheque**. Le doy un ejemplo para que vea que, sin importar el trabajo que usted tenga, siempre se puede sentir placer en lo que uno hace.

Ya ustedes saben cuál fue mi primer trabajo: repartía pizzas. Y no tiene nada de malo ese trabajo ni limpiar casas, lo malo viene cuando después de 12 meses se sigue en el mismo empleo sin estar contento. En ese tiempo, yo tenía muchos sueños y me sentía deprimido porque creía que merecía un trabajo mejor. Frustrado, me decía a mí mismo: ¿Cómo puede ser que nadie descubra mi capacidad y me ofrezca un trabajo de más responsabilidad o algún empleo con futuro?

Un día, haciendo mi rutina diaria, comencé a ver que las 14 personas que trabajaban conmigo estaban inconformes. En ese momento, me di cuenta de que si no cambiaba mi forma de pensar y salía de esa depresión injustificada, estaría repartiendo pizzas por el resto de mi vida. Ese día, inconscientemente, sin saber todo lo que sé ahora, busqué la forma de encontrar placer por mi trabajo en vez de dolor e inconformidad.

El resultado de ese pensamiento fue que adapté mi percepción. Comencé a disfrutar el llevar pizzas en mi automóvil, porque me dejaba ese aroma que tanto me gusta, y me motivaba ir a la casa de desconocidos pensando que tal vez conocería a algún famoso o empresario que me ofrecería un mejor trabajo. Esos dos pensamientos, sin saberlo entonces, cambiaron mi vida emocional y, en poco tiempo, la financiera.

Cada mañana me levantaba motivado y empecé a sentirme mejor. Soñaba a diario con mi siguiente trabajo, por lo que entendí que ése era sólo un oficio temporal. En menos de seis meses dejé la pizzería y comencé a trabajar en una empresa de ventas de calentadores de agua. El resto es toda mi historia.

A los seis años de dejar la pizzería me mudé a pocas millas de ese lugar. Un día llamé y les pedí una pizza. Cuando llegó mi pedido, me llevé una sorpresa que me ayudó a ir por más en mi vida. El señor que me entregó la pizza había sido mi compañero de trabajo cuando yo era repartidor. Ese mismo hombre que solía quejarse de lo que hacía, estaba haciendo lo mismo seis años después.

No importa lo que usted haga, su mente es muy poderosa y puede buscar ideas para adaptar su percepción de la situación y sentir placer por lo que hace. Esto lo ayudará a estar en un estado mental sano que lo lleve a buscar nuevos horizontes.

Entienda que es el mismo esfuerzo hacer su trabajo mal o bien, por eso debe hacerlo bien.

Desde mañana le recomiendo que vaya a su trabajo con una nueva actitud, y que su jefe se dé cuenta de esto. Pregunte qué más puede hacer para ayudar a su empresa, pregunte qué otras posiciones hay disponibles, y si no está capacitado para cubrir el puesto, dígale a su jefa que hoy no está preparado para solicitarlo, pero que en unos meses lo estará. Aprenda todo lo que pueda acerca de ese cargo y en poco tiempo la tendrá.

Si necesita motivación, sólo piense que ganará más dinero y que estará haciendo un trabajo más creativo, que lo disfrutará más y le dará placer hacerlo. Si necesita aún más motivación, piense que les dará una mejor vida a sus hijos y una enseñanza que no les dará la escuela, que es la de **siempre ir por más en la vida.**

La mayoría de la gente **no** cambia su vida, no por falta de capacidad, sino porque no creen que sea sencillo hacerlo y deciden mejor no tomar acción. Están resignados a vivir con limitaciones.

Le comparto una historia real, con un ejemplo más de cómo comenzar a pensar desde hoy. Dos vendedores de zapatos emprendieron el vuelo a un país del Tercer Mundo. Cuando aterrizaron, uno de los hombres llamó a su esposa y le dijo: "Voy de regreso a casa ahora mismo, acabo de darme cuenta que estamos en un país del Tercer Mundo y nadie tiene zapatos, por lo cual no podré vender nada". El segundo hombre llamó a su esposa y le dijo: "No sé cuándo regrese, acabo de darme cuenta de que llegué a un país del Tercer Mundo y nadie tiene zapatos, lo que quiere decir que puedo vender mis zapatos al país entero". Le invito a que saque sus conclusiones.

CLAVE 10.

EL PODER
DE LA PALABRA

Un estudio, realizado en una escuela, demostró la siguiente realidad: Hace un par de años, eligieron a un grupo de estudiantes con problemas de aprendizaje y muy malas calificaciones; al comienzo del nuevo año escolar juntaron a este grupo. A la profesora le dijeron: "Le estamos asignando al mejor grupo de estudiantes, con las mejores calificaciones y esperamos que este año estos jóvenes rindan aún más que lo que rindieron el año pasado". Esas palabras hicieron que la profesora se esmerara y diera un trato especial a los jóvenes. Al no subestimarlos, sino por el contrario, sobreestimarlos, consiguió lo esperado, que más del 80% de los jóvenes terminaran su año escolar con las mejores calificaciones. **¡Ése es el poder de la palabra!**

Lamentablemente, en la vida real, muchos profesores subestiman a los jóvenes que vienen de años anteriores con malas calificaciones, sin saber que el responsable de esto no es el estudiante sino, en gran medida, el profesor del año anterior.

Este poder es peligroso, porque puede ser hasta un arma mortal. La sociedad nos enseña que los padres son prácticamente los únicos responsables del futuro de los hijos, y aunque no es así, sí son en gran medida los que contribuirán a que un chico se sienta que puede ser exitoso o un fracasado.

En la mayoría de los casos, el desenlace es uno de los dos extremos. Si usted le dice a un niño, o a un joven, frases como: "eres especial, llegarás muy lejos, piensas como un millonario, te espera un futuro brillante, serás un gran hombre o mujer de negocios, eres un gran ser humano", etc., es casi garantizado que ese niño se convierta en un triunfador. Si le dice: "no sirves para nada, eres un vago, lo único que sabes hacer es ver la televisión, no eres inteligente, nunca serás nada en la vida", etc., es también casi una garantía que ese niño será un fracasado, sin importar a qué escuela haya ido o si tuvo los mejores profesores.

Esto mismo aplica para los adultos, por lo tanto, aprenda que el poder de la palabra es **muy grande**, y desde hoy entienda que tiene un arma en sus manos y debe saber manejarla.

Le doy otro ejemplo que suelo contar en los seminarios y es un caso real:

Una familia tiene dos hijos gemelos, los dos son físicamente idénticos, los dos juegan al básquetbol. Durante los entrenamientos se acerca el padre a uno y le dice: "Gabriel, tienes el cuerpo y la altura perfecta para este deporte, además eres muy veloz, por lo tanto jugarás muy bien y serás el mejor jugador de tu equipo. ¡Adelante!" Luego se acerca al otro hijo y le dice: "Miguel, haz lo que puedas, recuerda que eres lento y estás gordito, así que no te esfuerces mucho porque no tienes condiciones". ¿Cuál cree usted que jugará mejor? Es muy posible que Gabriel se haya convertido en el mejor jugador y Miguel esté en su casa mirando la televisión.

Le pido por eso que revise el uso que le da a esta herramienta en su vida cotidiana, el cual tiene un poder que es además responsable de muchos otros aspectos, como su vida matrimonial, familiar y financiera. Creo que un gran porcentaje de sociedades comerciales y matrimoniales terminan por el mal uso de la palabra. Es decir, por la falta de comunicación positiva real.

En el mundo del trabajo, vamos con nuestro jefe y sólo le damos quejas de todo. Así nunca nos llega el aumento o el ascenso. En conclusión, no sólo la palabra es poderosa, el silencio es igual de importante.

La moraleja es que si no tiene nada positivo o constructivo que decir, mejor no diga nada. Le hará un gran favor a la otra parte y a usted mismo.

Recuerde que las palabras negativas destruyen y las positivas construyen.

Comience a construir un nuevo futuro y beneficiará a su familia, a su entorno y a futuras generaciones.

CLAVE 11.

EL PODER DEL SILENCIO

Es hora de desmitificar un concepto muy arraigado en la cultura latina: Se cree que el dinero llega por suerte, por conocer a alguien o, incluso, por décadas se pensó que estaba garantizado por haber asistido a la universidad.

Entendamos que el dinero llega, y fácilmente, cuando se aprende a escuchar, a forjarse metas, a cambiar malos hábitos y a sentir pasión por lo que se hace.

Una vez conseguido este primer paso, comienza la transición a ser un negociador. Le aclaro que esta clave no es exclusivamente para vendedores, es para absolutamente toda persona que quiera destacarse y ser un líder en su trabajo o profesión.

Todos los seres humanos nacemos negociadores, pero la vida convierte a la gran mayoría en vendedores. Cuando usted era un bebé, no paraba de llorar hasta que su madre le daba la leche que necesitaba. Ésa era una forma de comunicar sus necesidades y, en sí, una negociación. A cambio de sus llantos, como negociador, conseguía lo que quería. ¿Qué pasó luego? Que cuando quería terminar la escuela o la universidad y le dijeron que **no**, usted aceptó el **no**; cuando quiso ese puesto de trabajo y le dijeron **no**, usted volvió a aceptar el **no**; cuando quiso conquistar a esa mujer u hombre de su vida, y le dijeron **no**... volvió a pasar lo mismo.

De alguna manera, usted permitió que su subconsciente y la sociedad se adueñasen de su presente y, aún más importante, de su confianza en el futuro. Por consiguiente, se resignó a vivir como un vendedor. Le reitero: Puede pintar casas, ser el gerente de un banco o un político y, de la misma forma, para superarse necesita hacer la transición de vendedor a negociador.

Una de las primeras lecciones que aprendí en mi propia transición, fue aprender a escuchar, en vez de hablar; es decir, aprendí que **el silencio es oro** y una de las mejores armas de negociación que tenemos. Al usted dejar hablar a la otra parte, consigue saber y entender las necesidades reales de su cliente, paciente, jefe, colega o pareja y como resultado conseguirá fácilmente complacer la necesidad del otro y cerrar exitosamente cualquier negociación.

Además, si usted no habla mucho, evita dar información de más o equivocada a la otra parte, lo cual suele ser también un error común por el que se rompen las negociaciones.

El silencio puede ser su mejor aliado. Está comprobado que a la gente le gusta más hablar que escuchar, así que complazca los deseos de la otra parte y tendrá más fácil el camino al éxito comercial o personal.

Otro factor importante a tener en cuenta es que, al hablar mucho, es posible que llegue a aburrir o cansar y pierda la atención de su contraparte. Recuerde que la mente del ser humano suele prestar plena atención los primeros 10 a 15 minutos en que está escuchando, que son justamente los que con frecuencia los vendedores usan para perder tiempo hablando de temas sin importancia, mientras que los negociadores los utilizan para cerrar el asunto.

El **poder del silencio** llega a su máximo alcance al momento de tener que hablar con el directivo de la plana mayor de una entidad o el dueño de una empresa. Usted puede llegar a una presentación con su mejor vestimenta, su mejor actitud, el mejor precio y calidad, referido por el mejor amigo de la ejecutiva y hasta con la mejor herramienta de ventas, pero si toma 20 minutos en decir algo que se pude decir en cinco, posiblemente no podrá concretar el negocio.

Tenga presente que es posible que estas personas, los directivos, ganen millones haciendo efectivas sus ideas y valoran el tiempo más que al mismo dinero o negocio. Ellos llegaron a donde están sabiendo aprovechar al máximo las horas del día disponibles para trabajar. Aprenda y respete esa virtud si quiere convertirse en un buen negociador.

CLAVE 12.

NO TE ENFOQUES EN LO QUE PERDISTE, SINO EN LO QUE TE QUEDA

Por naturaleza, al ser humano no le gusta perder en nada y éste es uno de los tantos instintos que tenemos. Ya sea en los deportes, en las inversiones y en la vida cotidiana, siempre queremos ganar, lo que es una actitud y una virtud sana.

Lo que no es sano es alargar el periodo de luto cuando no se gana, ese periodo que paraliza y durante el cual enfocamos nuestra energía y tiempo en las cosas que perdimos. Eso simple y sencillamente nos lleva por un camino poco productivo, incluso destructivo, tanto de nuestra vida emocional como financiera.

La mayoría de los millonarios tuvieron que enfrentarse a grandes reveses en su vida antes de llegar a cumplir sus metas financieras. Lo lograron gracias a que esa pérdida les dejó una enseñanza y más fuerza para seguir adelante, en vez de enfocarse en lo que no se logró. Le doy dos ejemplos reales, que identifican a millones de personas:

Un señor que tenía 100 mil dólares y hoy tiene 20 mil, se enfoca en los 80 mil dólares que perdió. Como resultado, en corto tiempo, termina perdiendo los 20 mil dólares restantes.

Otro señor, que tenía los mismos 100 mil dólares y perdió los mismos 80 mil, se enfoca en el dinero que le quedó y lo reinvierte de una manera acertada y profesional. En menos de cuatro años, el señor vuelve a recuperar los 100 mil dólares que tenía y lo más importante es que su conducta y actitud le darán una vida placentera.

Como puede ver, una misma situación tiene dos resultados diferentes. Esto demuestra que la pérdida no es la responsable de su estado actual, sino su enfoque erróneo.

Hace tiempo una persona que visitó mi oficina me dijo: "Perdí más de 2 millones de dólares, por lo que no quiero volver a invertir un dólar en este país. Sólo quiero enfocarme en pagar mi casa, mis gastos y no más". El señor estaba tan negativo, que ni quise responderle.

Si se está en la época de luto, hay que respetar ese momento y tratar de identificar el tiempo propicio para dar un giro y saltar de ese estado.

El peligro consiste en que tal vez, por enfocarse en su pérdida, ese señor del que acabamos de hablar, trabaje el resto de su vida para sólo sobrevivir. Recuerde que la mente es muy poderosa y hace caso absoluto a sus órdenes. No prolongue, de ninguna forma, el luto por el pasado.

Esta persona culpó de su pérdida al país, y decidió que había sido suficiente. Lo que él no estaba viendo es que perdió ese dinero por una serie de decisiones personales y no solamente por el país, porque **al mismo tiempo que él perdía dinero, otras personas ganaron con las mismas reglas, en el mismo lugar.**

Entienda que lo que se pierde se puede volver a encontrar, si sabe buscar...

Y para los que están pensando: "Yo ni siquiera tengo esos 20 mil dólares para comenzar", les digo que esa también es una actitud y enfoque equivocado, porque tiene algo con mucho más valor, que es su prestigiosa mente y un cerebro preparado para tomar acción en cuanto usted lo decida.

CLAVE 13.

¿SON PAPÁ Y MAMÁ REALMENTE RESPONSABLES DE MI DESTINO?

Podemos elegir el entorno social y la persona que será nuestra pareja, pero no podemos escoger a nuestros padres. Yo soy un convencido que, en gran medida, ellos son responsables de nuestro destino, pero también estoy seguro de que podemos cambiarlo.

Muchos padres pueden sentirse incómodos al leer esta clave, pero siempre hay tiempo para pedir perdón y aprender de nuestros errores. Si tiene la humildad de darse cuenta de sus desaciertos y admitirlos, podría ser suficiente para que lo perdonen.

Aproveche los años de vida que le quedan para darle a sus seres queridos lo que no les dio en su respectivo momento.

Durante una época dediqué más tiempo a la consultoría privada para analizar conductas, limitaciones y necesidades de personas de toda clase social y económica –algunas de éstas, personas con perfiles públicos como periodistas, deportistas y actores– pero, sobre todo, de gente como usted y yo.

Estas personas entendieron la necesidad de tener un consultor para llegar más rápido a sus metas, para cambiar algún hábito o eliminar un miedo que no les permitía crecer. Otros, sólo necesitaban una orientación para tener una vida más armónica con su pareja, hijos, amigos o familiares; por último, había empresarios que requerían un consultor **real** para analizar su negocio o una nueva inversión.

Todos necesitamos en algún momento de la vida hacer algún cambio o de la ayuda de una guía externa para no salirnos del camino trazado. Al momento de elegir a ese profesional, una pauta puede ser observando si el consultor cumplió sus propias metas, y éstas son compatibles con las suyas. Ahí tiene ya una buena señal. Luego debe sentir que puede confiar en esta persona y que le habla abiertamente con el corazón; si no es así, siga buscando y nunca se rinda, porque así como tiene un médico de cabecera, necesita un consejero tipo mentor.

Después de más de 100 casos, concluí que lo que venía diciendo en cada seminario no era exagerado: *La influencia de nuestros padres es, sin duda, la más importante en nuestra vida y la que marca nuestro destino.* La diferencia en la vida de muchas personas no la hacen los maestros, los amigos, los religiosos, la suerte, el dinero, la inteligencia o el país. Éstos pueden influir en algunas decisiones pero, a mi parecer, **la gran diferencia la hacen nuestros padres**, quienes nos marcan de por vida.

En más del 80% de las sesiones privadas que he realizado, llegamos a la solución de los problemas cuando la persona comprende que necesita abrir lo que yo llamo su "clóset" familiar y analizar su niñez. Hay quienes no desean analizar sus vivencias por **miedo** pero, una vez que toman valor y entienden que el placer del cambio será mayor al miedo, comienzan la transformación.

Todo ser humano tiene su historia. Todos crecimos en alguna casa y fuimos criados por alguien, generalmente por un papá y una mamá, quienes son o eran seres humanos con virtudes y defectos que, además, nos transmitieron casi exactamente las vivencias y experiencias de sus propios padres.

Le doy algunos ejemplos. Si su papá veía que su padre le pegaba a su mamá, es posible que usted haya visto lo mismo; si en la casa de papá el dinero era un problema, seguramente en la suya también lo fue; si mamá veía a su madre mirar televisión todo el día dejando que su esposo abusara de ella, seguramente usted vio lo mismo. ¿Entiende el mensaje? Comprenda que los tiempos han cambiado y ellos no tenían la información que usted tiene hoy, no existía la consejería, Internet, los estudios científicos que demuestran el poder de su mente, ni libros, audios o DVD de superación personal, etc. Libere cualquier sentimiento negativo, ya que éste es responsable de muchas de las cosas que le ocurren en la actualidad. Una vez que se permita llegar a su "clóset" familiar, podrá verse al espejo de una forma diferente y, si actúa, tendrá relaciones familiares y sociales más sanas y productivas.

Al final de su análisis personal, cuando decida llevar a la práctica mis sugerencias, comience a cambiar su relación con sus hijos o seres queridos y evite así que reciban una herencia tóxica limitadora.

Perspectiva: sus hijos serán felices y exitosos **sólo** si usted se los facilita.

CLAVE 14.

VERGÜENZA ES ROBAR

El título de esta clave no es de mi autoría, pero sé que tengo autorización para hablar del concepto; lo aprendí de mi abuelo materno y padre por elección.

Desde que tenía 12 años, mi abuelo me daba consejos. Muchas veces yo le contestaba que no haría tal o cual cosa porque me daba vergüenza, a lo que él siempre respondía: **"Dany, vergüenza es robar...** el resto son formas o herramientas para llegar a tus metas".

¡Qué lección de vida me dio el viejo! Creo que él no tenía idea del impacto que ese simple consejo tendría en mí, por lo que reconozco que hoy soy quien soy, en gran parte gracias a él.

Este tema es importante porque hay muchas personas que no hacen lo que podrían por simple vergüenza mal entendida, por lo que viven en un mundo de limitaciones, construido por ellos mismos. Hablaré de dos casos precisos.

Desde que comencé con esta idea de impulsar a la población latina, recibo correos electrónicos de personas de muchos países de América. Desde hace unos meses, decidí convertirme en el mentor de algunos jóvenes que, por su forma de escribirme, consideré con las virtudes necesarias para triunfar. La mayoría de los jóvenes que elegí son personas muy modestas que viven en países en los que, desafortunadamente, su peor enemigo es el propio gobierno.

El primer paso fue hacerles entender quién es su real enemigo, puesto que no se puede ganar una guerra sin saber quién es el adversario. No me interesa promover anarquías: sólo creo que es bueno saber a quién se tiene en la cancha.

Luego, comencé a ayudarlos a ganar más dinero o, en algunos casos, a percibir por primera vez ingresos. Cuando me decían que ganaban dos dólares por hora, mientras que los que viven en Estados Unidos ganan seis dólares. Les dije que la culpa de su bajo sueldo no era el gobierno o el nivel de educación, sino ellos mismos, por subestimarse y creer que no merecen o no pueden aspirar a ganar más.

Durante la presentación, les sugerí que renunciaran a su trabajo **de inmediato**, garantizándoles que ganarían cinco veces más en la siguiente primera semana de trabajo. Su primera tarea fue trabajar como vendedores ambulantes. A algunos les dije que compraran juguetes al mayoreo a un dólar y que los vendieran en cinco dólares en oficinas. Si vendían cuatro juguetes por hora, estarían ganando 16 dólares por hora. Fue motivador saber que algunos vendieron cuatro juguetes en una misma oficina y más de 30 juguetes ¡en un día! Otros no siguieron mi consejo, porque les daba vergüenza realizar ese trabajo. Entonces le repetí la frase del abuelo: *"¡Vergüenza es robar!* Más vergüenza debe darte no tener dinero para vivir dignamente o esperar a que tu gobierno salga a tu rescate".* Lo repito hoy: Le tengo más respeto al que entra a mi oficina a venderme algo, que al gerente de un banco que está en el mismo cargo desde hace más de cinco años.

Otro ejemplo es de un joven que vive en Venezuela, quien durante la semana juntaba dinero para ir los lunes a un locutorio (un lugar con casetas telefónicas y alquiler de computadoras) para leer mi nota semanal. ¿Cree usted que este joven tiene la actitud necesaria para triunfar en la vida? ¡Por supuesto! Por eso soy su consultor y no tengo duda de que su progreso me hará sentir orgulloso en unos años.

El segundo caso sucedió cuando me llamó un amigo a quien no veía hacía más de dos años y me pidió que nos reuniéramos. Ya en mi oficina, me comentó que hacía buen tiempo que quería verme, pero que le daba vergüenza que yo supiese que le iba muy mal en la vida. ¿Qué cree que le dije?: *"¡Vergüenza es robar!* A mí también me fue mal en la vida y quién sabe si me vaya mal de nuevo en el futuro; la vida nos pone pruebas y retos que hay que superar y, sin duda, tu vida mejorará y volverás a tener lo mismo o más de lo que tenías".* Le comenté que los amigos **reales** son los que están a tu lado cuando los necesitas, por lo que debió haberme llamado antes.

Se puede sentir vergüenza por muchos motivos, pero le pido que, desde hoy, elimine limitaciones mentales y atrévase. Recuerde la frase de mi abuelo cada vez que eso suceda.

NADA ES PERSONAL

En las próximas claves le mostraré técnicas de negociación necesarias para conseguir la transición de vendedor a negociador, lo que es esencial en su camino a la libertad económica.

Ésta es una de las técnicas que más me costó y me sigue costando conseguir. Reconozco que todavía hoy en día, una que otra vez suele superarme en algunas negociaciones con vendedores improvisados, las cuales termino tomando como personales por las muestras de ignorancia o falta de profesionalismo.

Si quiere entrar en el exclusivo grupo de negociadores hispanos, comience por entender y aceptar que un negocio es justamente eso y no llevarlo a su vida personal porque, de hacerlo, no podrá ser objetivo con la otra parte y, como resultado, no conseguirá cerrar el negocio.

Le podría dar decenas de ejemplos pero lo que usted necesita desde hoy es comenzar a aceptar a la otra parte como es y no juzgarla, sino entenderla.

Toda frustración o problema viene por algo y seguramente esa persona necesita ayuda, así que cuando alguien le levante la voz o le falte el respeto, sólo respire profundo y respóndale: "Veo que tienes un mal día, lo siento mucho, mejor seguimos hablando mañana, porque no quiero molestarte hoy". Verá que esa respuesta lo descolocará, porque quien confronta, espera que lo confronten. Esa respuesta inesperada lo hará pensar y es muy posible que le pida disculpas y pueda seguir la negociación.

Luego, llegará el día en que un cliente le diga: "No compraré o venderé nada con usted, porque conseguí un mejor precio o servicio en otro lado". La mayoría de los vendedores reaccionarán con enojo y quizá responderán mal por creer que les hicieron perder su tiempo o dinero. Ante esta situación, un buen negociador reacciona diciendo: "Siento mucho que haya tomado esa decisión, pero lo volveré a visitar o llamar muy pronto para volver a tener la oportunidad de hablar con usted y demostrarle que mi precio o servicio es superior por tal y tal motivo. Además, reconozco que es **mi culpa** que usted haya decidido trabajar con otra persona, y la próxima vez haré un mejor trabajo. Me gustaría hacerle una pregunta ya que me sirve para aprender todos los días: ¿Me podría decir la razón principal por la cual eligió hacer negocio con otra persona?". La respuesta que el cliente le dé, le dejará una enseñanza aún más importante que el dinero que dejó de ganar.

Luego, le llega el turno a ese jefe o compañero de trabajo que nos subestima y no nos tiene en cuenta cuando hay un nuevo puesto de trabajo disponible. Un vendedor se enojará como un niño cuando no le compran un helado y comenzará a ver a su jefe como a un enemigo y con otra actitud. Trabajará con desgano y, posiblemente, en dos años o seguirá en el mismo cargo o lo habrán despedido, todo por creer que la culpa es del jefe.

En esta misma circunstancia, un negociador le comunicará a su jefe que él está preparado para el próximo puesto disponible, y que si el jefe cree que no lo está, él estará de acuerdo y estudiará lo que el jefe le diga para ganarse ese puesto, simplemente porque un negociador aceptará la realidad de que está en sus manos el no obtener el cargo que desea.

Luego está el jefe o compañero que lo sobreestima, por lo que le tiene envidia o miedo de que le quite su puesto y, como resultado, boicotea su avance en la empresa. Un vendedor seguramente se enoje y vaya corriendo con el dueño de la empresa para darle la queja, como lo hace un niño de ocho años cuando el de once lo molesta. Un negociador, por el contrario, invitará al jefe a tomar un café fuera de horas de oficina, y le explicará que si le permite crecer en la empresa, todos ganarán más dinero, el dueño le dará un mejor puesto al jefe y juntos estarán llevando a la compañía al siguiente nivel.

Como puede apreciar, si consigue desde hoy **no tomar de manera personal** ninguna situación comercial, estará en camino a convertirse en el negociador que usted merece ser y yo anhelo que sea. Termino con otra de mis frases preferidas:

Sólo se vive una vez, pero si vive bien, ¡es suficiente!

CLAVE 16.

EL VENDEDOR DE ILUSIONES

No tengo el número preciso de cuántos vendedores he conocido en todos estos años de trabajo, pero no exagero cuando digo que han sido más de 300, sin incluir a los que asistieron a mis seminarios.

De esos 300, más del 90% fueron, son y serán vendedores de ilusiones. ¿A qué me refiero con esto? A que son personas que viven, o sobreviven, en el fascinante negocio de las ventas, pero cuyos ingresos siguen siendo los mismos año con año porque lo que venden son ilusiones. Lo que tratan de vender es un producto o servicio, pero les falta incluir el contenido.

El contenido no es el producto en sí, sino la actitud, mentalidad y creatividad del vendedor, es el valor agregado que uno aporta a la transacción. Hay personas que venden cinco casas al mes y otras ninguna; hay quienes venden seis autos al mes y otros sólo uno; hay vendedores que ganan 300 mil dólares al año y otros sólo 30 mil; hay quienes se convierten en grandes empresarios, mientras que otros llegan al retiro o jubilación siendo simplemente eso, vendedores de ilusiones.

La primera conclusión es que el producto o servicio poco importa; lo que interesa es la relación que usted establece con el prospecto de cliente y su preparación, honestidad e interés real en prestar el mejor servicio.

Recuerdo que en 1994 le comenté a un amigo que iba a sacar la licencia de agente de bienes raíces, a lo que mi amigo contestó: "Ni pierdas tu tiempo, hay miles de agentes en el mercado". Por suerte no hice caso a ese consejo tóxico involuntario y obtuve mi licencia. A los 10 meses, había ganado más de 80 mil dólares en comisiones. Este amigo tenía razón: el mercado está repleto de agentes de bienes raíces, pero yo también tenía razón al pensar que, cuando uno es diferente y creativo, se puede sobresalir en cualquier profesión. Hoy, 15 años después, mi amigo sigue vendiendo autos, simplemente porque el mismo consejo que me dio a mí se lo dio a sí mismo.

Un buen ejemplo, es precisamente el de los vendedores de autos. Es curioso ver el juego de los vendedores y de los gerentes. ¿Ha notado usted que nos hablan como si fuéramos inferiores y ellos lo supiesen todo? Creo que una de las razones de la caída de tres de los grandes fabricantes de automóviles en el mundo es porque sus concesionarios subestimaron a los compradores.

Estoy convencido de que al realizar un entrenamiento basado más en **el contenido** que en el producto se consiguen cambios, y lo más importante es que son cambios duraderos. Tengo el orgullo de poder decir que en muchas concesionarias de América Latina, y unas pocas en Estados Unidos, donde tuve la oportunidad de presentar mi taller de ventas, se incrementaron **las ventas en más del 30% en menos de 120 días.**

Cuando yo comencé este desafío, mis primeros seminarios eran sólo de motivación. Los vendedores salían muy motivados y con ganas de comerse al mundo, pero a la semana, volvían a su estado mental anterior y nada cambiaba. Por esa simple razón es que nunca más volví a presentar un seminario de ilusiones.

La mayoría de estos súper vendedores que, desafortunadamente, transmiten una imagen de saberlo todo, vuelven a la línea para esperar su turno para atender a otro prospecto en cuanto usted sale del lugar, sin importar si compró o no. Normalmente, pasan dos horas antes de que tenga oportunidad de atender a otro posible cliente. En ese tiempo, ¿qué cree que hace este vendedor estrella? Se toma un café, luego se pone a platicar, se conecta a Internet, sale al aire libre y hace unas llamadas telefónicas, vuelve a tomar otro café o se fuma un cigarrillo y, antes de volver a la línea, seguramente pasa por el baño para acomodar su corbata. ¿Qué le parece?

Los vendedores de automóviles son los mejores en la industria, pero están mal capacitados. Mientras, el gerente general suda para convencer a los clientes de que compren y no se da cuenta de que está perdiendo más dinero del que gana al permitir que sus vendedores aumenten de peso, se llenen de estrés, se desmotiven y, en muchos casos, terminen deprimidos; porque el ocio deprime y en algún momento estos expertos de las ventas se dan cuenta que están dejando pasar su vida, cuando sólo trabajan una hora de las nueve que están en la concesionaria.

Hay muchas cosas por hacer en esas horas desperdiciadas. Unos cambios simples y que muchos vendedores adoptan con placer, pueden hacer que un vendedor gane cinco o hasta diez veces más, logrando hacerlo sentir un profesional de verdad y con un futuro que, hasta ese momento, ni él se imaginaba.

Si debo elegir sólo un consejo sobre esto, le diré que lo primero que hay que hacer es visualizar en dónde desea estar en dos años. Si la respuesta es "ser el gerente de la concesionaria", comience a trabajar en llegar a esa meta; le garantizo que lo hará y en otros dos años hablaremos de la siguiente meta, que tal vez sea ser dueño de su propia concesionaria o de su propio negocio en otro rubro.

Deje que Disney World siga vendiendo ilusiones y usted comience a vender contenido. Lo veré en la cumbre.

CLAVE 17.

¿ESTÁ USTED DESMOTIVADO?

Siempre habrá personas desmotivadas, pero sin duda, en estos tiempos esta palabra se puso de moda y hay muchos individuos con este estado de ánimo.

Ya hemos hablado de la importancia del entorno social para que el individuo quiera superarse y de cómo influye en el estado anímico del ser humano. Se sabe que en lugares fríos del planeta abundan más las depresiones y que, por el contrario, lugares repletos de sol y luz animan a sus habitantes.

Hoy, mi misión es darle las herramientas necesarias para que ese estado de ánimo desaparezca de manera que pueda seguir su camino hacia el triunfo personal.

Yo veo que las razones más importantes por las cuales una persona puede sentirse desmotivada son:

Desesperanza: Es un estado de ánimo que transmite la falta de esperanza en algo futuro. Desde este momento, trate de ver que sólo usted puede cambiar el futuro. Si su presente no es el que soñaba, simplemente cámbielo.

Aburrimiento: Es el fastidio causado por no tener nada que lo divierta y distraiga. A partir de hoy, busque por lo menos una actividad para divertirse. Una hora de esparcimiento puede ayudarle a generar nueva energía para ese trabajo que no podía conseguir o bien, la motivación para ir por más en su vida.

Cansancio: Es una sensación por la falta de energía física o mental y, en algunos casos, de ambas. Del cansancio se pasa a la tensión y de ahí a las enfermedades; por ello, hay que cuidar el cuerpo y evitar el cansancio mediante el cuidado de la dieta, el comer saludablemente, hacer ejercicio por las mañanas aunque sea por 15 minutos, tratar de no usar su computadora por más de 20 minutos seguidos y no permitir que la monotonía se apodere de usted.

Falta de amor: El amor es una de las pocas cosas que no se pueden comprar. Necesita sentir amor filial o romántico por otras personas y ser correspondido. Comience por quererse a usted mismo cuidando su cuerpo, luego empiece a valorar a su familia y su círculo, y como resultado, recibirá el amor que necesita para alimentar la necesidad emocional de amar y sentirse amado por otros seres humanos. ¿Quién no ha visto que cuando se está enamorado hay motivación todos los días? Se trabaja con gusto para darle a sus seres queridos todo lo que ellos merecen y desean.

Falta de dinero: El tener dificultades económicas es siempre una razón por la cual mucha gente se siente desmotivada. Es posible que la causante de esto sea alguna de las cuatro razones anteriores; por lo tanto, trabaje en cada una de ellas. *Recuerde que si sigue haciendo lo que siempre ha hecho, seguirá obteniendo los mismos resultados.*

Es hora de cambiar y la mejor forma de hacerlo es estando motivado interiormente cada día. A partir de hoy, comience a ver lo positivo en su vida y, si cada mañana lo recuerda, ese simple ejercicio hará que esté menos desmotivado. Esto conlleva un proceso químico de cambio en el cerebro, mediante el cual sus células cerebrales recibirán más oxígeno, lo que generará nuevas ideas positivas para mejorar su trabajo y cualquier otro aspecto importante.

Hay otras razones para estar desmotivado sobre las cuales usted no tiene control y son causantes de depresiones o tristeza y duelo interior temporal por la pérdida de algo o alguien importante en su vida. Requieren de su momento para sanar; por lo tanto, deje que el tiempo haga su trabajo y que el recuerdo de alguien en vida o sano sea la inspiración para vivir su vida en plenitud ahora.

Si tiene la suerte y el privilegio de tener salud y no haber perdido a un ser querido, le pregunto: **¿Por qué está desmotivado...?** No sea injusto con usted y con la vida, deje los lamentos y ese posible sentimiento de autosabotaje y seudomasoquismo y ¡comience a vivir como merece! Nada debe detenerlo, comience ya a planear esas vacaciones en familia, y a visualizar esa casa que tendrá en unos años. Si hace caso a todo esto, los resultados serán excepcionales y usted habrá entrado a ese exclusivo club del 10% de la población que vive en armonía y felicidad.

CLAVE 18.

ENTREGO PIZZA A DOMICILIO

La realidad que describe el título de esta clave es la responsable de que hoy tenga un libro escrito, de que me escuchen en radio o me vean en la televisión o, en vivo, durante un seminario. Si no hubiese empezado así, desde abajo, no habría podido conseguir mi cometido de ser un motivador financiero y negociador, y poder ayudar a otros.

Quizá muchos de mis lectores no se identificarían fácilmente con una persona proveniente de una familia de mucho dinero, o con elevados estudios universitarios o poseedora de una inteligencia especial. Nada de eso hubo en mi vida y, si yo pude cambiar mi futuro personal y financiero, **cualquiera** puede hacerlo.

En los seminarios suelo recibir muchos comentarios como: "Es fácil ser un triunfador cuando se tiene plata". "Es fácil invertir cuando se tiene dinero extra para arriesgar". "Es fácil ser un ganador cuando se tiene un buen trabajo y dinero". "Yo no tengo pánico al triunfo; lo que sucede es que tengo mala suerte en todo lo que hago". "Yo sé invertir, pero no puedo controlar lo que pasa con la economía", etc.

Coincido en que es más fácil invertir cuando se tiene dinero y en que es mas fácil tener una mente clara cuando se tiene un buen trabajo... pero esto no es pretexto para no superarse. Es posible que sea un poco más difícil al inicio, pero sin comienzo nunca habrá resultados.

Casi todas las personas exitosas empezaron sin nada y yo no soy la excepción. Cuando llegué a Estados Unidos tenía 5 mil dólares en el bolsillo, no hablaba inglés, no tenía papeles (visa de trabajo) y, sin profesión, sólo pensaba: "Tengo que hacer dinero para ahorrar y empezar a invertir". Ese simple pensamiento me dio la actitud adecuada para comenzar mi vida en este gran país.

Comencé a repartir pizzas ganando 30 dólares al día, lo suficiente para comer y pagar mi cuarto. Mi primera meta era cubrir mis gastos mientras me familiarizaba con el sistema y el país. Sabía que debía comenzar a trabajar en ventas y me tomó dos meses hacerlo. Luego vendí calentadores de agua (calefones); el primer mes gané 2 mil dólares e inmediatamente dejé la pizzería para dedicarme de tiempo completo a las ventas. Era mucho dinero para un joven soltero de 27 años, pero no lo suficiente para cumplir mis sueños, así que conseguí otro trabajo vendiendo publicidad para un directorio hispano (páginas amarillas); entre los dos, ganaba unos 3 mil dólares mensuales, de los cuales ahorraba la mitad.

Desde antes de llegar a esta tierra sabía que tener buen crédito en Estados Unidos era indispensable para cumplir cualquier meta económica. Por ello, al mes de haber llegado, saqué una tarjeta de crédito segura, es decir, de aquéllas que el banco expide otorgándole a crédito la misma cantidad de dinero que la que usted depositó en la institución. Era una excelente opción para empezar un historial crediticio.

Después de dos años, ya tenía un automóvil nuevo, cinco tarjetas de crédito y la seguridad y tranquilidad de saber que cumpliría mis sueños. En ese entonces mis metas no eran las que son hoy. Con toda humildad, ya superé todos mis sueños y metas, gracias no sólo a mi nueva actitud sino a la educación que recibí de personas triunfadoras que, por medio de seminarios y/o libros, comparten con la gente sus experiencias y las herramientas usadas para lograr su éxito personal.

Todavía no contaba con muchos ahorros, pero sí tenía crédito, así que empecé a invertir usando el dinero que tenía en las tarjetas. En ese tiempo esto era muy simple: Sacaba dinero al 0% por seis meses o al 5% anual, y lo triplicaba comprando y vendiendo un automóvil o mercancías, lo colocaba en la Bolsa o hasta en una caja de ahorros al 5% anual, lo que representaba 5% de ganancia sobre dinero que obtenía al 0%. Con los años aprendí que es aún más importante contar con crédito comercial por medio de corporaciones; gracias a eso pude conseguir, años más tarde, más de 500 mil dólares en créditos.

Tal vez el que relate mi historia sea muy personal, pero lo creo necesario para que quienes me leen ahora comprendan que yo también estuve donde posiblemente muchos están hoy.

Recuerde: ¡Usted es el único responsable de su futuro!

CLAVE 19.

APRENDER A VIVIR

¿Alguna vez pensó en este tema? Tal vez no. Aprendemos a sumar, a leer, a manejar, a jugar algún deporte, a hablar idiomas, a realizar algún trabajo o profesión, a negociar, a invertir, a creer en Dios, etc., pero la mayoría de las personas no se sientan a pensar: ¡Ahora debo aprender a vivir! Creen que es algo automático y que la vida les da lo que las circunstancias o el destino les tiene reservado. Muchos dejan pasar años con la esperanza de ganar la lotería, cobrar una herencia o viviendo de placeres precoces. Todo esto puede cambiar desde hoy si entiende que *aprender a vivir* es otra materia que es necesario aprobar para disfrutar la vida y hacerlo a plenitud.

Ya dijimos que para aprender a vivir como merece, hay que **tener paciencia** y no vivir ansioso por los resultados. En otras palabras: ¡Disfrutar el viaje! Una vez que tenga una meta concreta y firme, es cuestión de tiempo para que se cumpla. Por ello, disfrute lo que muy pronto conseguirá, no viva triste y nervioso, pensando que será feliz cuando arribe a la meta, porque así puede ser que nunca llegue. Su estado mental debe ser el apropiado en su camino hacia cualquier meta.

Aprenda a disfrutar lo poco o mucho que tiene. Todos tenemos algo que nos hace felices. Si tiene hijos, disfrute de su compañía, sea el maestro y enséñeles a vivir desde ahora. Si está enamorado, disfrute a su pareja; si le gusta algún deporte, practíquelo seguido sin descuidar sus obligaciones; si tiene el auto que siempre soñó, disfrútelo cada vez que lo use; si tiene una casa propia, sienta felicidad por el logro; si cuenta con un trabajo que le gusta, si se levantó en la mañana, si sus seres queridos están sanos, si vive en un país libre, sonría y goce lo que tiene. Todos somos ricos de alguna manera; sólo debemos identificar nuestras riquezas y no enfocarnos en las carencias. Si desde hoy piensa en todo lo que tiene en vez de lamentarse de lo que no tiene, verá que en corto tiempo tendrá mucho más.

Saque la frase "mala suerte" de su vocabulario. Si tiene un accidente automovilístico, en vez de decir: "Qué mala suerte tengo, justo pasé por ese lugar en este momento", piense: "Cuántas miles de veces pasé por aquí y nunca me había pasado nada". La mala suerte **no existe:** me atrevo a decirle que el 10% de la vida está relacionado con lo que le pasa y el otro 90 con la forma en que usted reacciona a cada situación. No puede evitar tener malos momentos, pero sí puede decidir cómo reaccionará ante cada circunstancia.

Deje de quejarse. Hace un tiempo, mi esposa y yo fuimos a cenar con dos parejas de amigos; una de éstas trajo a otra, por lo que éramos cuatro parejas. Casualmente, yo conocía al señor de la pareja invitada por mis amigos. Es una persona exitosa, inteligente y un hombre muy correcto que –cualquiera pensaría– es un hombre feliz. Sin embargo, estoy convencido de que es sumamente infeliz, dado que su esposa no paró de quejarse de él durante toda la noche. Esta mujer vive pensando en los defectos de su pareja y eligió un momento para desahogarse y hacerlos públicos en vez de concentrarse en destacar sus cualidades o en otro tema de conversación. Todos tenemos defectos pero, desde hoy, procure fijarse sólo en las virtudes de las personas que lo rodean y su vida será más feliz y saludable, además que tal vez salvará su matrimonio. No le pido que viva como un pajarito en un mundo de fantasía. Enfrente lo que sucede y si no está dispuesto(a) a cambiar, salga de esa relación tóxica que terminará por enfermarlos a los dos y a quienes les rodean. La próxima vez que vaya a quejarse, recuerde que la queja sin formato positivo o entorno adecuado destruye y no construye.

Viaje, viaje y viaje. Cuando me preguntan en qué invierto mi dinero, mi respuesta es: "En viajar". Si no tiene dinero, recuerde que si sigue los consejos que le he dado hasta ahora, lo tendrá muy pronto. Consiéntase a usted mismo y a los suyos. Un viaje une a la familia y a la pareja, y le da energía, lo que se traduce en nuevas ideas para generar nuevos proyectos. Si tiene cualquier tipo de problemas con sus hijos, créame que un viaje puede darle los resultados de horas de terapia. El ser humano necesita sentirse amado; si usted consigue dedicarle tiempo a ese hijo en problemas y le demuestra su amor, es muy probable que al regreso de ese viaje vea cambios nunca antes vistos en ese ser querido. Todo esto se consigue más fácilmente cuando estamos relajados.

Éstos son los temas básicos para comenzar a aprender a vivir. Lo invito a que lo haga y a que cada día sonría por todo lo que tiene. Del resto se encargará su mente sana.

CLAVE 20.

¿DESPERTÓ A SU METABOLISMO ESTA MAÑANA?

Ahora le toca el turno a su cuerpo y, contrariamente a lo que tal vez esté pensando, éste es quizá el **clave** más importante de las 50 que leerá. La vida moderna nos lleva a preocuparnos por la familia, el dinero y el futuro, en ese orden, pero ¿en dónde queda la necesidad de entender que, sin un cuerpo sano, las otras tres prioridades nunca se disfrutarán?

Entre las preguntas que más frecuentemente me hacen está el cómo ganar más dinero, cómo mejorar una relación familiar, cómo llegar a ser millonario, en qué invertir, cómo conseguir un ascenso o cómo convertirse en un gran negociador. Cuando les respondo que para lograrlo tienen que cuidar y querer a su cuerpo, me miran con desilusión, como diciendo: "Esperaba otra cosa de usted..."

Comprenda que si no se quiere a usted mismo, no puede pretender tener la conducta necesaria para resolver el resto. Existe una contradicción entre algunos entrenadores físicos y médicos: unos le aconsejan que haga ejercicio por la mañana y otros que es mejor por la tarde o antes de ir a dormir. ¿A quién creerle? Yo no le diré la respuesta, pero le daré la información necesaria para que saque sus conclusiones.

Primero, expliquemos lo que es nuestro **metabolismo:** Es un conjunto de reacciones químicas que tienen lugar en las células del cuerpo para transformar la energía que contienen los alimentos, es el combustible que necesitamos para todo, desde movernos hasta pensar o crecer. Hay proteínas específicas del cuerpo que controlan las reacciones químicas del metabolismo, las cuales están coordinadas con otras funciones corporales. De hecho, en nuestro cuerpo se realizan miles de reacciones metabólicas simultáneamente que hacen posible que nuestras células estén sanas y funcionen correctamente.

Ésta es una definición científica. Ahora le daré una definición más fácil de entender para que la tenga en cuenta y consiga un cambio inmediato y sencillo en su organismo.

Hoy, la falta de dinero, de amor o de alegría, o esa relación precaria con su familia, son una prioridad para su mente, a tal grado que no le permiten pensar de otra manera. Si comienza a verse mejor en el espejo, a sentirse más liviano, si su colesterol baja como por arte de magia, si camina más rápido, si lleva más oxígeno al cerebro, si comienza a disfrutar del ejercicio, habrá iniciado una nueva vida y logrará lo que se proponga.

Reflexione sobre lo siguiente. Usted puede perderlo todo: dinero, trabajo, familia, amigos, todo, pero su cuerpo estará con usted hasta que llegue el día de dejar este mundo. Según las encuestas, la mayoría de los seres humanos –entre el 80 y 90% de la población mundial– tiene sobrepeso o colesterol alto. Casualmente, se dice que sólo el 10% de la población vive en armonía y felicidad. ¿Cree que es casualidad o que exista alguna relación? Sin duda, hay una conexión: quien no se siente bien físicamente no puede disfrutar de la vida.

Si quiere más pruebas, hable con personas que hayan ganado la lotería o que hayan conseguido su meta de tener mucho dinero para ser felices y que, sin embargo, se percatan de que concentraron todas sus energías en la meta incorrecta. No me alcanzaría el libro para nombrar ejemplos de aquéllos que llegaron a ser millonarios y murieron sin disfrutar de un solo dólar. Si usted tiene sus metas escritas para este año, asegúrese de poner en primer lugar **el cuidado de su cuerpo.**

En una ocasión, alguien me preguntó por qué el colesterol alto es uno de los indicadores de las enfermedades más comunes. Yo respondí que, aunque no soy médico, aprendí que la mayoría de los seres humanos sufren de colesterol alto primordialmente por dos razones: comen el colesterol de otros seres vivos –carne de vaca, de puerco, etc.– y porque no despiertan a su metabolismo, caminando casi dormidos todos los días.

Le pido no sólo que deje de comer tanta carne roja y alimentos altos en grasas, sino que despierte a su metabolismo cada mañana. Así como pone el despertador a las siete de la mañana para despabilar su mente, propóngase tener otro despertador que le recuerde hacer por lo menos 15 minutos de ejercicio antes de ir a trabajar y así estar realmente despierto. **Al ejercitarse por la mañana, usted despierta a todo su metabolismo,** el cual se encargará de quemar las calorías que no necesita durante el día, incluso cuando esté sentado, manejando o en su escritorio, ya que el metabolismo no se detiene una vez que arrancó.

Verá cómo perderá peso, ese cambio será la motivación que necesita para seguir haciendo ejercicio y, cuando llegue el fin de semana, podrá comer lo que quiera, sin remordimientos ni perjuicios para su salud. El beneficio va más allá de la persona, porque se extiende a la pareja e hijos que, copiando ese nuevo hábito, tendrán más años de una vida de calidad.

No hay dinero que pueda comprar el bienestar físico, el sentirse joven sin importar la edad fisiológica, el estar mentalmente sano y sin limitaciones. Descubrirá una nueva vida, ¿está listo?

CLAVE 21.

CONSECUENCIAS DEL PLACER PRECOZ

Una las principales causas de la pobreza de la gente es, sin duda, el placer precoz que el ser humano trata de encontrar a diario y que, con el tiempo, es el responsable de muchas carencias.

¿A qué le llamo placer precoz? A las drogas, al alcohol, al juego, al cigarrillo, a perderse en los centros comerciales, a la comida, al cheque que recibe cada viernes y a la televisión sin contenido, entre otros. Piense usted en los placeres que le dan felicidad por un instante pero que, tal vez, le harán sufrir por años.

Si usted tiene uno de los vicios o disfruta de alguno de los placeres que menciono, seguramente no está conforme con su vida y, como ser humano, necesita sentirse bien aunque sea por diez segundos. El cigarrillo le da unos segundos de placer y le quita calidad y días de vida, pero aún sabiéndolo, el individuo fuma. ¿Por qué? Sabemos que nunca se gana dinero en un casino, pero muchos pasan horas ahí, aunque sepan que el tiempo y dinero empleados le habrían rendido más en otra cosa.

Hay placeres que matan. Se sabe que uno debe comer por hambre y no solamente por placer, pero igual muchas personas comen sin medida. No hacen ejercicio, aunque esté más que comprobado que éste les da mejor calidad de vida y longevidad, pero no lo hacen, ¿por qué?

Por otro lado, hay muertes indirectas, más sutiles, como el cheque de cada viernes, al que yo llamo *enemigo invisible*. El placer de saber que recibirá un cheque seguro cada semana no lo deja descubrir el genio que tiene dentro.

Ahora le pregunto: Si le dicen que cruce una vía de tren a sabiendas de que si lo hace morirá atropellado, ¿qué diría? Seguramente saldría corriendo en sentido contrario.

Entonces, ¿por qué el individuo se hace daño a sí mismo y se conforma con una vida a medias? Sencillamente, por la información que ya tiene registrada en su mente, la que fue puesta durante años por la familia, la escuela, la sociedad y el individuo mismo. Si se encuentra entre ese grupo de personas, sepa que usted puede cambiar esos placeres precoces por los que le ofrecen más eternidad a su felicidad temporal.

Lo invito a buscar un placer alternativo. Por ejemplo, aunque no soy experto en nutrición, sé que si hace cambios sencillos en su forma de comer, en unos siete días tendrá un placer nuevo al ver una modificación en su energía y en su cuerpo. En ese momento, le estará enviando nueva información a su subconsciente: le dirá que le da más placer verse y sentirse mejor que comer de más.

Otro ejemplo son los juegos de azar. Es indescriptible la pena y desilusión que me provoca ver a jóvenes menores de 30 años jugando y poniendo todas sus energías en ganar dinero, sin darse cuenta de que si aplicaran esa misma energía en un negocio o en leer un buen libro de autoayuda, ganarían más dinero permanentemente. Muchas veces he sentido la necesidad de preguntarles: "¿Qué haces?, ¿no te das cuenta que lo **peor** que te puede pasar es que ganes dinero?" La razón es que, al ganar, le están enviando información errónea a su subconsciente, lo que les hará volver más seguido al casino, con consecuencias que pueden ser nefastas.

Imagínese si hubieran invertido todo ese dinero malgastado en un negocio. ¿En dónde estarían en 5 años? Si por un segundo los pudiera hacer sentir el placer de ganar dinero invirtiendo y siendo un empresario, sin duda nunca más jugarían.

En alguna ocasión, alguien me escribió: "Daniel, gracias al casino yo estoy vivo, porque es la única motivación que tengo cada día para levantarme en la mañana". Lo entiendo, pero quiero que piense que hay esperanza y que el poder de cambio está en sus manos. Es factible y relativamente fácil cambiar ese vicio o cualquier otro. Sólo debe buscar alguna actividad que reemplace al placer que siente cada mañana cuando piensa en ir al casino o a realizar otra actividad dañina.

Tenga en cuenta que su mente piensa inmediatamente qué otro placer recibirá a cambio de dejar de ir a jugar. Si usted no le ofrece nada, ¿qué sucede? Al día siguiente está jugando. Igual sucede con el cigarrillo, las drogas, el alcohol, la comida, etc. *La única forma de curar estos vicios es intercambiando los hábitos.*

Mañana, cuando se levante, piense: "En vez de ir al casino, hoy iré al cine o a pescar, haré una reunión en casa, tomaré lecciones de golf, visitaré museos y galerías, leeré ese libro que siempre quise, aprenderé a manejar un barco", etc. Piense en actividades que le gustaría hacer y que no ha hecho hasta ahora porque su piloto automático está apagado. Cuando logre el primer cambio, se dará cuenta de que tiene el control de su mente y, desde ese momento, no habrá límites a sus deseos.

En cuanto a lo financiero, ¿escuchó usted decir que lo difícil es hacer el primer millón y que los demás vienen más rápido? ¡Es verdad! Lo mismo sucede con su mente, el día que haga el primer cambio importante con algún placer precoz, los demás se conseguirán en corto tiempo.

Si de verdad quiere transformar su vida, comience hoy mismo a hacer su lista de los placeres precoces en su vida y de los placeres eternos que quiere tener a corto plazo.

Si usted hace este simple ejercicio, ¡estará en camino a una nueva vida!

CLAVE 22.

¿DÓNDE QUIERE ESTAR EN 5 AÑOS?

Uno de los tantos secretos de los millonarios y de las personas triunfadoras es que saben exactamente dónde quieren estar en un futuro cercano y a largo plazo, por lo que trabajan cada día para llegar a esa meta. Es tan simple como parece.

Piense lo siguiente: ¿Qué automóvil tendrá en cinco años?, ¿dónde vivirá?, ¿cuántas vacaciones tomará en los próximos años?, ¿en qué posición laboral estará?, ¿trabajará por su cuenta?, ¿en qué área de negocios?, ¿cuántas inversiones habrá hecho?, ¿tendrá más hijos?, ¿se casará?, ¿cuál será su estado físico?, ¿cuánto dinero tendrá ahorrado?, ¿habrá terminado sus estudios?, ¿cuántos hábitos negativos habrá cambiado?

Si la respuesta es: **"Ni idea"**, ahora sabe por qué está en donde está. Usted no tiene mala suerte, no es un incomprendido, ni su esposa, jefe e hijos son culpables de cómo vive. El culpable no es siquiera usted, sino su mente. ¿Cómo puede conseguir algo de lo mencionado si ni usted sabe lo que quiere? Si su mente no recibe órdenes suyas, ¿cómo hará para que el cerebro trabaje?, ¿cómo hará su consciente para darle órdenes a su subconsciente?, ¿cómo piensa transformar su vida si no hace los cambios básicos?

Está comprobado que sólo una de cada 100 personas escribe sus metas cada año. ¿Será ésta una de las razones por la que sólo el 10% de la población vive en plenitud y éxito?

Si la mayoría de las personas exitosas se toman el tiempo para escribir sus metas cada primero de enero, ¿qué le hace pensar que usted no debe hacerlo?, ¿tiene un cerebro más desarrollado o es más inteligente?, ¿es usted genéticamente superior? Creo que no y tampoco ellos lo son. Pero quizá ellos tuvieron la conducta, la humildad y la perseverancia que tal vez usted no tiene. Así de simple.

Comience un nuevo hábito: escribir sus metas por lo menos una vez al año. Verá que después del tercer año, este hábito será una costumbre y lo hará automáticamente y se convertirá en una necesidad. Aunque suene simplista, digo: Si la gente supiese lo fácil que es cambiar cualquier aspecto de la vida, habría un 90% de la población viviendo en plenitud y sólo 10% en la pobreza, lo contrario a la realidad actual.

¿Tiene papel y lápiz a la mano? ¿Lo ayudo a escribir sus metas por primera vez? Comencemos con las metas para los próximos 12 meses:

1. Pagar la deuda de mis tarjetas de crédito.
2. Conseguir una mejor posición laboral.
3. Comprar mi primera casa o hacer mi primera inversión, si ya tiene una propiedad.
4. Ahorrar el 10% de mi sueldo mensual.
5. Mejorar la relación con mi pareja o encontrar una.
6. Comenzar un negocio propio.
7. Compartir más tiempo con mis hijos.

Éste es solamente un ejemplo de cómo enumerar sus metas. Hacerlo con pocas palabras permite a su subconsciente trabajar en sus órdenes. La función de escribirlas es tener un recordatorio diario de sus deseos y de las metas a cumplir. Al recordarlas a su mente, se le hará más fácil crear nuevas ideas para cumplirlas.

Le doy ahora un ejemplo: Si se propuso pagar sus tarjetas, automáticamente gastará menos dinero, irá cada vez menos a centros comerciales y le dará más valor al dinero. Recuerde que su mente es muy poderosa y recibe placer al cumplir sus deseos. Cuando las cuentas estén pagadas por completo, se acordará de mí, puesto que tendrá un nuevo hábito –el que comparten todos los millonarios–, que es el de ahorrar.

Cuando ya no necesite ese dinero para pagar las tarjetas, lo usará para comenzar a ahorrar y seguramente para invertir, de manera que empezará a recibir dinero mientras duerme. Así, habrá cumplido más de una meta al mismo tiempo y después ¡vendrán sorpresas que lo harán muy feliz! Así y todo le tengo que hacer una advertencia: *Dentro de 12 meses, lo único que lamentará es no haber empezado antes a escribir sus metas.*

Ahora le pregunto: ¿Dónde quiere estar en 10 años? Si sigue los consejos que acaba de recibir, yo puedo predecir su futuro. Si lo hizo, le aseguro que en una década usted será **libre** económicamente, vivirá en la casa de sus sueños, manejará el vehículo que siempre quiso, disfrutará de la vida y se verá mucho más joven que hoy. No se equivoque: esto no es motivación sino una **realidad.** Si no lo cree, tenga a mano sus metas escritas, actúe consecuentemente y en pocos meses lo comprobará.

CLAVE 23.

¿QUIERE SER PROTAGONISTA O ESPECTADOR?

¿Ya decidió si quiere ser protagonista o espectador en la vida? Las siguientes son muchas de las inquietudes que me comparten a menudo:

"Daniel, le juro que quiero que me vaya bien, pero no es así". "Daniel, ¿por qué a mucha gente le es fácil triunfar y a mí no?", "¿por qué hay gente que se hizo millonaria con el mismo negocio que a mí me está llevando a la quiebra?", "¿por qué mis hijos van por mi mismo camino?" "Daniel, ¿por qué vivo en un continuo laberinto financiero?"

Una de las respuestas es: Porque usted eligió ser espectador de la vida y no protagonista. Más del 90% de la gente que se queja o habla de limitaciones no sabe lo que quiere de la vida. Si usted mismo no lo sabe, ¿cómo quiere que su mente y su subconsciente trabajen en lograr algo? Mientras no entienda el poder de su mente no logrará nada. Piense en cómo quiere que sea su vida... y escríbalo para que no lo olvide. Luego comience a trabajar en esas metas. Deje de conformarse con admirar el triunfo de otros, de ver programas de televisión en donde le cuentan lo feliz y millonaria que es tal persona, de envidiar a su jefe o amigo. Cuando deje las excusas, no sólo cambiará su vida, sino que comenzará a ser feliz realmente.

Despierte para empezar a actuar ya. Si necesita motivación, visite algún hospital, vaya directo al piso de enfermos terminales y hágale esta pregunta a un paciente: ¿qué daría por estar en mi lugar? Cuando el enfermo le responda, déle las gracias y comience usted a vivir. ¿Le parece?

Olvídese de sus supuestas complicaciones y enfoque sus energías en trabajar en lo que usted disfruta.

• •

Haga el compromiso de no pensar en cosas negativas por 48 horas. Si lo logra, en 49 horas comenzará a generar nuevas ideas que le traerán resultados inesperados, los cuales serán una nueva motivación para ir por más. Si es necesario, cada tanto vuelva de visita al mismo hospital, pero seguramente hablará con otro enfermo, porque el señor que le dio la respuesta que usted necesitaba ya no estará en este mundo y usted sí. ¿Quiere seguir hablando de su mala suerte o de su mala vida? ¿Quiere seguir hablando de sus quejas?

Si supiera lo cerca que está de cambiar su vida, sentiría vergüenza por no haberlo hecho antes. ¿Le cuento un cuento? Había un señor que estaba muy deprimido y decidió ir a ver al sabio del pueblo para que lo ayudara. Le dijo: "Sabio, ¿cuál es el camino al éxito?" El sabio levantó la mano y le indicó un camino. El señor dio las gracias y se fue. Al rato volvió todo lastimado porque se había caído en un pozo y le dijo al sabio: "Entendí mal... ¿me puede decir de nuevo cuál es el camino al éxito?" El sabio levantó otra vez la mano y señaló hacia el mismo lugar. El señor fue y volvió a caer en el pozo. Enojado, le dijo al sabio: "Quiero que me hable y me diga cuál es el camino al éxito, porque usted me señala un lugar y cada vez que voy, me caigo". El sabio respondió: "El camino al éxito está inmediatamente después de pasar ese pozo". ¿Entendió? Lo único que lo está limitando para comenzar una vida plena es el saber que está a un paso de cruzar el pozo. Entrene su mente para que ésta encuentre el camino.

Decida ser protagonista y escriba su historia en esta vida. Deje de juzgar a los demás y comience a juzgarse a usted mismo.

"Los problemas importantes que enfrentamos no podrán resolverse con ideas del mismo nivel de las que los originaron". Albert Einstein

LA CLAVE ES *CÓMO*, NO *CUÁNTO*

Hay muchas formas de inversión, pero la clave es saber en qué y no cuánto invertir. Independientemente de su ocupación, la regla es invertir como un mínimo un 10% de lo que gana al mes. Si no lo consigue, no puede ni siquiera soñar en convertirse en inversionista.

Comencemos con ejemplos de inversiones simples y con sentido común: El año pasado había un seminario de motivación y contaba con dos entradas gratis disponibles. Las dos personas a las que invité respondieron que no podían ir porque debían trabajar. Tal vez pensaron que yo estaba de vacaciones o que no trabajo. Lamentablemente, mucha gente no sabe darle prioridad a lo que le conviene a largo plazo y opta por las urgencias: los dos eran vendedores y a mi parecer, no iban a perder transacción alguna por no estar disponibles seis horas en un día. Esa actitud es, a la larga, una mala inversión de su tiempo.

Más tarde, durante el descanso para almorzar, me encontré con un conocido que invitó a comer a sus dos invitados y luego ofreció café a todos: debe haber gastado 55 dólares en 40 minutos. Al ir hacia nuestros asientos, me comentó que en la sección que él estaba sentado no se alcanzaba a ver a los panelistas, sino que los veían y escuchaban a través de un monitor de televisión. Regresé a mi asiento pensando que esta persona había gastado 55 dólares en comida, pero no había invertido 80 dólares para estar en primera fila en un evento de esa magnitud: un pésimo manejo del dinero y, sin duda, una pésima elección, porque gastó en comprar calorías en lugar de invertir en llenar su mente y alma de energía positiva.

Me entusiasmó ver a un latino sentado a mi izquierda, alguien que, como yo, pensara que valía la pena invertir esos 80 dólares. Sin embargo, se la pasó atendiendo a su teléfono y enviando correos electrónicos durante el seminario. A esto también le llamo una pésima inversión. ¿Va entendiendo el mensaje del título? Lo que importa es cómo invierte su dinero y no cuánto invierte.

Otro ejemplo. En febrero de 2008 un cliente me consultó sobre qué hacer con dos propiedades que tenía, cuyo valor se había reducido de 7 millones a 5.8 millones en dos años. Le respondí que no sabía cuántos años debía esperar para que las propiedades, si acaso, recuperaran su valor, pero que mi consejo era que vendiera de inmediato. Le dije: "Olvídese de lo que valían y piense en que, si no vende, el año entrante valdrán menos y seguirá perdiendo. Venda ya, ponga el efectivo en el banco y espere un par de años para comprar las mismas propiedades por 25% menos de lo que las vendió; cuando recupere lo perdido, me avisa y realizamos otras inversiones inmobiliarias". Así lo hizo. Recibió 5.2 millones de dólares por la venta de esas dos propiedades que hoy no valen ni 3.8 millones. El señor entendió que *el negocio en bienes raíces se hace cuando se compra* y no cuando se vende, tuvo la humildad de escuchar a otra persona y tomó acción.

En otra ocasión llegó a mi oficina una persona, dueño de varios centros comerciales, diciéndome: "Vengo porque mi esposa me insistió, pero déjeme decirle que tengo muchos más años que usted y muchos más ceros en mi cuenta de banco, por lo tanto le va a costar convencerme de algo". Le dije que le devolvía el cheque de mil dólares que me había dado por la consultoría porque, evidentemente, sería muy difícil hacerlo cambiar en 60 minutos una apreciación de vida de decenas de años. El caso era similar al anterior y le di el mismo consejo, sólo que él contestó: "No es momento de vender, no necesito el dinero y puedo esperar". Le respondí que me parecía un gran error porque, si no vendía, algún día su hipoteca podía ser mayor al precio de la propiedad y entonces no podría vender. El señor no vendió y ya no puede hacerlo, dado que debe al banco más del valor de la propiedad, tiene decenas de locales sin inquilinos y sus ingresos de renta no cubren la hipoteca.

Por último, les relato que un día me llamó una agente de bienes raíces para una sesión de consultoría comercial y, al hacer su cita, le preguntó a mi asistente: "¿Si yo invierto los 500 dólares, ustedes me garantizan el éxito?" Ésa es la pregunta que hago yo a quienes vienen a verme: les cuestiono si me garantizan que tomaran acción y que no se saldrán del camino que trazamos para llegar al éxito.

Yo no le puedo cambiar la vida a nadie pero usted sí. Yo sólo puedo darle y enseñarle a usar las herramientas que muchas personas usamos para mejorar nuestra vida financiera y personal, pero está en usted conquistar esas metas que considera exitosas.

Al momento de elegir su inversión, recuerde que si invierte monedas recibirá monedas; si invierte en perfeccionar sus conocimientos y en cambiar o mejorar su actitud de vida, ¡recibirá millones!

CLAVE 25.

¿CÓMO NEGOCIAR UN MEJOR PUESTO DE TRABAJO?

Se podría decir que la mayoría de las personas que trabajan bajo la autoridad de otros están inconformes con su salario. Una gran mayoría cree que no le aumentan el sueldo porque su jefe es tacaño. También suelen estar descontentos con su labor y esperan ansiosos a que llegue el día de pago. Analicemos qué sucede.

Primero, por lo regular, ¿cuándo pide aumento un empleado? Suele solicitarlo cuando el dinero no le alcanza para pagar sus cuentas, y **esa razón** es precisamente la principal responsable de que nunca llegue ese aumento. Ningún jefe le aumentará el sueldo simplemente porque usted gasta más de lo que gana, así de sencillo. Piénselo. La próxima vez que necesite un aumento utilizará otro razonamiento.

Segundo, los aumentos no se consiguen porque se necesitan, sino porque se ganan. Usted merece ganar más dinero cada 6 a 12 meses, siempre y cuando demuestre que su trabajo le rinde más a su empresa. De ser así, la mayoría de las veces el aumento llegará sin que lo pida; si no es así, pida hablar con su jefe y haga las observaciones necesarias para que él o ella vea que su trabajo mejora cada día y que su empresa se está beneficiando.

El mensaje debe ser que, si usted se va de la empresa, necesitarán dos o más personas para hacer su trabajo, o que muchos clientes se irán si no lo encuentran, o que gracias a su actitud y empeño la empresa crecerá más rápido.

Otra estrategia es visualizar el futuro preguntando qué otros puestos están disponibles o lo estarán y prepararse para ser la persona elegida. Recuerde que si ya trabaja en esa empresa, tiene una gran ventaja sobre los candidatos que entrevistarán. Comience a ir al

• •

trabajo con placer y disfrute lo que hace, imaginando que está en camino de conseguir el puesto que siempre quiso pero nunca supo cómo alcanzar.

A manera de ejemplo, conozco al gerente de un banco que cuando era cajero siempre iba vestido impecable, muy bien presentado, incluso demasiado formal para estar en la caja. Una vez le dije: "Tú pareces ser el gerente, no un cajero" y me respondió: "Gracias, es que quiero ser el gerente, por lo que intento verme como uno". Ese pensamiento lo hizo gerente.

Una limitación común es que algunos empleados, cuando consiguen un cargo más alto, se conforman y dejan pasar la vida pensando que ya se realizaron en su trabajo. Si bien respeto las prioridades que hayan establecido en su vida, creo que simplemente llegaron a una zona de comodidad donde nada les requiere más esfuerzo. Si usted percibe que ya llegó al tope en la empresa en que trabaja, tal vez sea momento de buscar una nueva compañía en la que pueda seguir creciendo.

¡Es tan, pero tan sencillo, llegar a ser el gerente de un restaurante, de un banco, de una tienda de electrodomésticos, de una concesionaria de automóviles, de una oficina de bienes raíces, de un hotel, etc.! Si desde hoy consigue modificar su forma de sentir con respecto a su trabajo y de juzgar a su empleador, créame que cambiará su vida laboral y por consiguiente, el nivel de satisfacción en su vida personal y familiar.

Sin importar en qué país viva, siempre un empleador estará interesado en un buen empleado. Todo empresario real y con visión sabe que sin buenos empleados su empresa no puede crecer, y por suerte para usted, la mayoría sólo va al trabajo por el cheque y por lo tanto nunca consigue un mejor puesto. Aproveche esta realidad demostrando que es diferente, que le importa su empresa y, lo más importante, haciendo que con hechos, su jefe se dé cuenta que no puede prescindir de una persona honesta, trabajadora, puntual y exitosa como usted.

Un consejo concreto. Desde mañana, llegue al trabajo 15 minutos antes que todos y, en lo posible, sea el último en irse. El tiempo extra invertido le dará sus frutos y mucho más tiempo libre en un futuro cercano.

Su futuro está en sus manos. Elija hoy entre tomarlo o dejarlo ir...

CAMBIAR LA ENVIDIA POR ADMIRACIÓN

Para muchas personas es difícil admitir que sienten envidia por otra persona. Haga lo siguiente: cambie la envidia por la admiración. En poco tiempo verá que el sentimiento negativo desaparecerá y su vida será distinta.

Primero hay que aprender a aceptar que es normal que en el transcurso de la vida a veces nos vaya bien, regular o mal. Estos altibajos son necesarios para encontrar nuestro destino y descubrir qué es lo que queremos y necesitamos. Recuerde que una gran mayoría de los millonarios se declararon en bancarrota alguna vez, o a veces hasta dos.

Si piensa que no necesita más motivación o aprendizaje, y que puede prescindir de escuchar a otros individuos a quienes les va realmente bien o autoeducarse en los temas que le interesan, le advierto que esa actitud lo llevará a perder todo lo que ha ganado, debido a que el azar, como los mercados o la economía de un país, no siempre es estable o consistente.

Permitirse asistir a un seminario de superación personal o de negocios y dejar que su mente busque información sobre el éxito de otros, son formas concretas de fomentar cambios positivos en su vida.

La virtud de la modestia ha permitido a mucha gente hacer ese importante cambio que siempre habían deseado. Por eso le recomiendo mantenerse receptivo.

Le recuerdo que el poder de cambiar la **envidia por admiración** constituye una clave de éxito. Veamos el ejemplo de la gente que siente envidia y está consciente de ello:

Si usted siente envidia de alguien es porque seguramente le gustaría ser como él o ella, lo cual es una buena señal, ya que significa que usted quiere algo más en su vida que ahora no es o no tiene, y eso conlleva aspiraciones de superación. Con sólo modificar ese sentimiento de envidia por admiración, usted estará en camino a un gran cambio.

Si esa persona maneja el automóvil que usted quiere, vive en la casa en la que a usted le gustaría vivir, o tiene el trabajo que a usted le gustaría tener, sienta admiración por ella y demuéstresela, reconociendo el que haya llegado a donde está. Si él o ella percibe esto, lo más seguro es que esté dispuesto a sentarse con usted, darle un buen consejo y a contarle cómo llegó a tener lo que tiene. Este pequeño cambio puede significar la diferencia entre seguir en su camino sin salida, o comenzar a vivir como usted quiere y merece.

Por el otro lado, tenemos a la gente que siente envidia, pero **no** lo sabe. Este núcleo de personas tiene un problema muy serio, ya que es difícil cambiar un mal hábito si no se reconoce. Esta gente se pasa la vida hablando mal de las personas que realmente admiran, pero que, equivocadamente, envidian. Son personas que se preocupan por analizar la vida de otros, más que la de ellas mismas. Son personas con muchas limitaciones de toda clase, que necesitan buscar a alguien para culparlo de todo lo que les pasa o ha pasado. Necesitan encontrar o fabricar defectos a otra gente, para no pensar ni un minuto en los defectos propios. Pasan mucho tiempo del día enfocados en estos hábitos destructivos que acaban perjudicándoles a ellos y a su entorno familiar.

Si usted tiene la valentía y sabiduría para reconocerse como parte de ese grupo, lo felicito y le doy una buena noticia: a partir de hoy cambiará este hábito o costumbre. Cada vez que piense en hablar mal de alguien, pensará en lo positivo de esa persona y sacará algo productivo, lo que lo hará sentir mejor. Use su tiempo en mejorar su vida y la de sus seres queridos.

Le sugiero que comience anotando en un papel los nombres de las personas por las que sentía envidia y ahora siente admiración. Si puede, invítelas, una por una, a tomar un café, y haga todas las preguntas necesarias para saber qué caminos siguieron. Todos los seres humanos fuimos creados iguales, lo único que nos diferencia es *la actitud hacia la vida*. Entendiendo esto, no tendrá limitación alguna.

¿DUERME USTED CON EL ENEMIGO?

Si le pareció importante lo que hablamos respecto al entorno social, imagine su futuro si duerme con el enemigo. Su pareja puede marcar su vida de dos formas: Ayudarlo a tener una vida de excelencia o "apagarlo" mientras permanezca a su lado.

Parece una visión radical y lo es. Ya hablamos de que uno no elige a sus padres o a su familia pero sí puede elegir a su pareja, por lo que si le va mal en la vida o no es feliz, puede cambiar esa situación en lugar de quedarse sólo lamentándose. Sabemos que casarse es una de las decisiones más importantes que un ser humano toma en su vida. Hay un refrán que dice: *"Detrás de un gran hombre, hay una gran mujer"*, y viceversa, lo cual es una gran verdad. Es prácticamente imposible realizarse en la vida y cumplir sus metas si **duerme con el enemigo.**

Por ello, debe analizar detallada y detenidamente a su futura(o) socia(o), con quien pasará el resto de la vida. Considero que más del 70% de las personas se casan por una atracción física que no los deja ser objetivos para analizar juntos si son o no compatibles. Esta gente se encuentra con grandes desafíos en corto tiempo, en la mayoría de los casos difíciles de superar. La atracción física disminuirá y, con el tiempo, comenzará a ver actitudes y hábitos de su pareja que no comparte, pero que antes no le molestaban, porque la atracción era tan fuerte que le impedía el análisis.

Si esto ocurre, le será muy difícil vivir motivado, llegar a sus metas y disfrutar la vida; entrará en una relación tóxica cuyos resultados repercutirán en su cuerpo, salud, mente y relaciones sociales: la unión de todo esto es una bomba a punto de explotar.

Si usted no está casado todavía, esta clave puede ayudarle a reflexionar y cambiar su destino y, si tiene hijos solteros, puede con-

● ●

siderar útil que analicen y vuelvan a analizar el tema antes. Quienes ya están casados tal vez piensen que es "muy tarde" para el consejo. Éstos son pensamientos equivocados ya que, si quiere mejorar su vida, **para toda situación, hay una solución.**

Le pido que se relaje, se ponga cómodo(a), respire profundo unas tres veces y permita que su mente lea, sin juzgar u opinar hasta que llegue al final.

Yo observo que la mayoría de las parejas que viven infelices y pelean continuamente tienen en su mente las experiencias negativas vividas durante la relación. Cada situación de frustración, mal humor, problemas con los niños o en el trabajo, deudas, etc., se vuelcan en la pareja y se van sumando a lo que ya tienen en la mente. Acumulamos en el subconsciente cada momento que vivimos, malo o bueno. Así, consideramos malo todo lo que hace o dice nuestra pareja sin detenernos a analizar que pudiera tener parcialmente la razón. *La buena noticia es que hay solución y usted puede ser feliz.*

Hay solamente dos soluciones que recomiendan los consejeros matrimoniales: La primera es salvar a la pareja. La segunda, si no está dispuesto(a) o no es factible una solución real trabajando en la primera opción, es el **divorcio**; sólo hay una vida y es injusto sacrificar a una familia completa al sufrimiento continuo. Por supuesto, hay muchas soluciones de separaciones temporales, cursos o sesiones de parejas por especialistas, etc. Lo que quiero comunicarle es que dejar pasar el tiempo siendo infeliz y acumular las cosas termina en no hacer algo y ésa **no** es una opción.

Es común que el ser humano piense que soluciona un problema creando otro aún peor. Un esposo pelea con su pareja, la madre de sus hijos; luego encuentra una compañera de trabajo que no le grita, no le habla de los problemas de la casa y no le dice que apague el televisor. Entonces la seduce, se rompen dos familias y, al poco tiempo, la nueva pareja resulta ser tan humana como la anterior y también grita cuando está nerviosa, también tiene problemas en la casa y tampoco le gusta que vea televisión.

¿Entiende ahora por qué debe trabajar en lo que tiene en casa? Pida ayuda, asesoría y abra su mente.

CLAVE 28.

CON SÓLO TALENTO NO ES SUFICIENTE

En una sesión de consejería privada me visitó un periodista que vive y trabaja en Miami. Este señor llegó muy bien vestido y con una apariencia impecable. Se le veía muy seguro de sí mismo y trajo una carpeta llena de diplomas, premios, reconocimientos e infinidad de cursos de capacitación recibidos.

Luego de los primeros diez minutos de intercambio de información, me di cuenta de la razón principal por la que él estaba en mi oficina. Le pregunté de golpe cuál era su salario anual. Me respondió que ganaba 48 mil dólares. Le pregunté "¿Cuánto considera usted que debería ser su salario, contando su capacidad y talento?" Él contestó que, para empezar, 150 mil dólares. Insistí: "¿Y por qué no está ganando lo que quiere?" Inmediatamente me respondió que el canal para el que trabajaba no tenía presupuesto para esos salarios, ni posiciones o cargos que justificaran esa cantidad.

Así comenzó la sesión, pero trataré de resumir más de 60 minutos de conversación en estas líneas:

Primero, entender que el dueño de su destino y futuro es usted mismo, y no un tercero o la empresa para la que trabaja. Si comienza con esta regla básica, la próxima vez que le pregunten por qué no gana lo que merece, podrá dar una respuesta diferente. Al pensar como lo está haciendo, usted mismo no permite que su subconsciente trabaje en buscar nuevas alternativas, porque está permitiendo que un tercero decida.

Comenzamos hablando de sus virtudes y talentos para que al final de la sesión él pudiera evaluar dónde debería realmente estar.

La forma de vestir y la apariencia son sumamente importantes para cualquier profesional y aún más para un periodista. En esto él tenía un 10 de calificación. Más del 50% de los periodistas o presentadores que vemos en la televisión no saben vestirse adecuadamente.

Su apariencia y actitud eran las de un ganador, y en esto le di otro 10. A la gente le gusta ver a ganadores y personas seguras de sí mismas en la televisión y lo más importante es que transmitan confianza y sean transparentes.

Los conocimientos, la especialización y la educación continua es otro factor importante para sobresalir, y en esto también le di un 10. Revisando su carpeta de presentación fue fácil deducir que era un profesional talentoso, y en esto tenía otro 10.

En ese momento, el periodista me preguntó: "Entonces, ¿por qué no estoy ganando lo que merezco?" Le respondí con un ejemplo:

"Uno de los mejores jugadores de futbol soccer del mundo se llama Lionel Messi. Si este joven se hubiese quedado jugando al futbol en el patio de su casa, ¿estaría hoy jugando en Europa, ganando millones de dólares, siendo famoso y disfrutando de la vida? Seguramente que no".

"Usted es el Messi del periodismo, por lo tanto ¿cuál es la diferencia entre él y usted? La diferencia es que él sacó un 10 en una materia más, y resulta que es la más importante de todas: Messi salió del patio de su casa y se fue a probar como jugador a diferentes clubes y no se rindió hasta que encontró el que más le convenía".

"La mayoría de nosotros comenzamos literalmente en un club pequeño, y los que logramos superarnos, no es siempre porque somos más talentosos, sino porque supimos ir creciendo sin limitaciones y entendiendo que somos los únicos responsables de nuestro futuro. La moraleja de este concepto es que es más importante **ir siempre por más en la vida** que tener talento".

Le dije al periodista que a partir del momento en que se retirara de mi oficina, debía comenzar a pensar y sentirse diferente, a hacer realidad las ideas que pasaran por su cabeza y a ser **creativo**, que aprovechara el día al máximo y aprendiera a venderse adecuadamente con los medios de la competencia.

"Piense en crear ese programa de televisión que tanta falta hace, piense en cómo ser diferente y aprovechar esa carpeta llena de reconocimientos. Piense cómo hará para llegar al ejecutivo de esa cadena de televisión que quiere y merece pertenecer, demostrándole que usted es el Messi que ellos necesitan".

"Ya está en condiciones de evaluar en dónde realmente debe estar. Como ve, le fue muy bien en el examen, sólo le fue mal en una materia; y al igual que en la universidad, lo único que hay que hacer es estudiar y prepararse para dar de nuevo ese examen del que, sin duda, se recibirá con honores".

El mensaje aquí es *ser creativo, creer en uno mismo, buscar lo que se quiere* y siempre superarse para ser mejor. Recuerde que en la vida no es más feliz el que más dinero tiene, **sino el que hace lo que quiere de su vida y consigue esa armonía necesaria para sentirse pleno.**

CLAVE 29.

LOS AMIGOS TÓXICOS

No puedo seguir sin transmitirle una situación que puede dificultarle cumplir todos los pasos de los que hemos venido hablando. Revise su lista de amigos e identifique a los que son tóxicos.

Como lo mencionamos en otra clave, usted es el promedio de las cinco personas más cercanas que lo rodean. Por ello, se dará cuenta de que no se puede dar el lujo de tener amigos tóxicos.

Creo en la teoría de que todos tenemos un genio dentro. Algunos llegamos a descubrirlo en el transcurso de nuestra vida y otros mueren sin llegar a conocerlo. La gran mayoría de las personas que no llegan a descubrirlo son personas que están rodeadas de gente equivocada. Definitivamente este tópico es uno de los más importantes en el camino al éxito, porque no conozco a **ninguna persona** que se describa a sí misma como triunfadora y que haya llegado a sus metas rodeado de personas destructivas. Seguramente habrá una minoría que pudo lograrlo, pero el tiempo y esfuerzo habrán sido mucho mayores.

A partir de hoy, y sin excusas, sepa reconocer a los amigos o conocidos tóxicos y sáquelos de su entorno, si es que realmente quiere cambiar su vida. ¿Cómo reconocerlos? Siempre son negativos; suelen hablar mal de los demás; no tienen aspiraciones; todo es imposible o no vale la pena; culpan a la mala suerte de su destino; no saben escuchar, pero sí llenarlo a usted de sus problemas o complejos; viven en la mentira o envidia; no buscan transmitir nada productivo; irradian una mala energía, entre muchas otras más características.

Ahora que sabe a qué me refiero con amigos tóxicos, aléjese urgentemente de esta gente o le será casi imposible cumplir sus sueños.

Ahora parece complicado, pero a medida que vaya superándose en la vida, se sentirá cada vez más lejos de estas personas y será automático que se distancie o haga que esa gente se aleje de usted. Muchas veces, los amigos tóxicos se dan cuenta, incluso antes que usted mismo, de su cambio, y ellos solos se alejan por envidia o por no comprender su nueva actitud.

No se sorprenda de que le digan cosas como: "Te la pasas trabajando y no tienes vida", "yo a las cinco de la tarde salgo mientras que tú sigues en la oficina". Esto es común en la gente tóxica porque no se dan cuenta de que para vivir en el futuro como sólo 10% de las personas viven, libremente, son necesarios algunos sacrificios.

Muchos adolescentes no quieren estudiar o superarse porque prefieren descansar o trabajar para ganar dinero para el fin de semana. Cuénteles el mismo ejemplo enfatizando que es preferible que se sacrifiquen 5 ó 6 años de su vida, a vivir una vida entera de sacrificios.

Siempre digo en mis seminarios que llegar al éxito tiene su precio, y parte de ese precio es dejar ir a gente que considerábamos amigos, pero que en realidad son personas que nos dañan o contaminan.

A medida que tenga más éxito, es posible que tenga menos amigos, es así de simple. La razón principal es que será más selectivo. Es un asunto de calidad, no cantidad.

Entendamos también que hay una gran diferencia entre amigos y conocidos. A manera de ilustración, yo cuento a mis amigos con los dedos de una sola mano; si usted los cuenta con las dos, le aconsejo que analice bien a cada uno de ellos.

También es importante reconocer a los amigos sanos. Un amigo real y sano es aquél que se alegra con sus victorias y se entristece con sus problemas, aquél que está siempre dispuesto a escucharlo sin esperar nada a cambio, aquél que no siente celos, aquél que llorará de corazón el día que usted muera, y aquél que nunca sentirá envidia por sus éxitos. Si tiene amigos con estas cualidades, lo felicito y le sugiero que los cuide. Considero que es más difícil tener esta clase de amigos que ganar un millón de dólares. Si perdió algún amigo que ahora se da cuenta de que tenía esas cualidades, le suplico que sea humilde y trate de recuperarlo.

Tenga en cuenta estas dos frases que lo harán pensar: "La vida le da, en la manera exacta, lo que usted exige de ella" y "La muerte no es la pérdida más grande en la vida. La pérdida más grande es lo que muere dentro de nosotros cuando estamos vivos".

CLAVE 30.

DINERO FÁCIL

Cuando escuchamos las palabras **"dinero fácil"**, las asociamos con dinero que **se gana** fácilmente. La realidad es que también deberíamos relacionarlas con dinero que **se gasta** fácilmente.

En muchas ocasiones, el gastar dinero fácilmente, es el factor responsable de que viva endeudado o de que no pueda conseguir tener ahorros para comenzar a invertir y a ganar dinero fácil.

Como hemos visto ya, el dinero se va fácilmente cuando compra un teléfono nuevo que no necesita cada seis meses, cuando gasta más de lo que gana, cuando se da lujos que no corresponden a su nivel de ingreso, etc. También se puede catalogar como dinero malgastado cuando los fondos se usan para salir a comer, pasear, ir de compras en forma desmedida o, simplemente, hacer malas inversiones. Esta conducta es, sin duda, su peor enemiga y me atrevería a afirmar que es **el único factor responsable de que usted no gane dinero fácil.**

Con el tiempo, he podido observar un patrón de conducta repetitiva. He visto a muchos inversionistas de toda América Latina gastar dinero fácilmente. Estuve frente a decenas de personas que perdieron varios millones de dólares entre 2006 y 2010 por tratar de ganar dinero fácil, dejándose convencer por una serie de fuentes de información que no eran las correctas. Si hubieran invertido un par de horas o unos pocos dólares en una segunda o tercera opinión antes de invertir, se habrían ahorrado mucho dinero y grandes dolores de cabeza.

Pero no se trata de apalear al árbol caído. Se trata de aprender a enfocarnos en aspectos clave al momento de hacer inversiones. Le doy un ejemplo:

Hace poco, un cliente que conocí después de que perdió más de 2 millones de dólares, cerró su primera inversión con mi empresa, en la cual recibió un retorno a su inversión del 14.7% en 96 días. El mismo día en que estábamos cerrando la transacción me pidió que le descontara la mitad del porcentaje de comisión. Mi respuesta fue: "Carlos, ¿qué prefieres, pagarme 6% a mí o 4% al asesor financiero que tenías antes?" Su silencio me otorgó la razón.

Yo mismo soy el primero en reducir mi comisión cuando veo que el retorno no será el que estimaba, pero creo que también el inversionista tiene la responsabilidad de reconocer cuando el trabajo fue hecho correctamente y no enfocar sus energías en conseguir un descuento a los servicios prestados, sino en disfrutar la ganancia recibida e ir pensando en la próxima transacción.

Ahora, ¡hablemos de dinero que se gana fácil! Yo considero dinero fácil al que ganamos sin hacer esfuerzo y al que recibimos por el trabajo que disfrutamos. Dinero que se gana sin hacer esfuerzo, es dinero que recibimos por diferentes inversiones. Si usted deja de gastar dinero fácil, en unos años puede tener ahorrada una cantidad considerable. Todo lo que recibe por cuentas de ahorros, bonos, compra-venta de metales, intercambio de divisas, inversiones inmobiliarias, rentas, etc., lo catalogo como dinero ganado fácilmente.

Pero le reitero que no olvide que el dinero que se gana disfrutando de su trabajo, también es dinero fácil. ¿Usted cree que personajes como Shakira, Don Francisco o Carlos Slim disfrutan lo que hacen? Puede estar seguro que sí, y esa es la razón principal por la que les va tan bien en la vida. Si usted juega al futbol por dinero, nunca llegará a jugar en su Selección Nacional; si usted es periodista o animador y lo hace por dinero, nunca tendrá su propio show; y si usted hace negocios e inversiones sólo por el retorno, nunca será una persona millonaria.

Como todo en la vida, usted puede elegir cómo gastar su dinero, cómo ganarlo y cómo invertirlo. Pero es importante aclarar que no puede vivir enfocado en el dinero que ya perdió y en las malas inversiones que hizo. Ese pensamiento es destructivo tanto como lo es gastar más de lo que gana. Si sigue pensando en lo que perdió, sigue perdiendo todos los días; si se olvida de eso y comienza a ganar de nuevo, recuperará lo perdido y ¡tendrá aún más!

CLAVE 31.

CONSEJOS DE UN HISPANO TRIUNFADOR Y EXITOSO

Hace tiempo leí una entrevista a Mario Kreutzberger, mejor conocido como Don Francisco. Él es una inspiración para muchos seres humanos. Hay muchos hispanos triunfadores, pero Don Francisco es uno de los pocos que logran alcanzar el éxito no en uno, sino en una gama de aspectos de la vida.

Desafortunadamente, no tengo el gusto de conocerlo personalmente, pero de verlo en televisión y de leer sobre su vida, pude darme cuenta de que es una de esas personas a las que debo imitar, escuchar y de las que tengo que aprender. Desde los tiempos en que yo repartía pizzas, me motivaba escucharlo y verlo trabajar arduamente, sabiendo que no lo hacía por una necesidad económica.

En varias ocasiones me he quejado de los medios y de la televisión hispana por considerar que subestiman a nuestra comunidad. Me parece indigna la abundante e innecesaria cantidad de programas sin contenido donde sólo se ven peleas, chismes o un enfoque hacia las vidas ajenas. Muchos compartimos esa opinión. No podemos entender por qué la gente se interesa más en la vida de una protagonista de novelas que en la propia o en la de su familia.

¿No sería interesante y beneficioso tener una Oprah hispana que contribuya a cambiar vidas en nuestra comunidad?, ¿no sería más positivo mostrar a los hispanos triunfadores y así motivar a nuestra gente?

Personalmente, creo que Don Francisco se dio cuenta de esto hace ya años y así fue que comenzó su programa **Don Francisco presenta.** En cada una de sus emisiones, de contenido popular y masivo, hay algo de motivación y superación personal que cualquiera puede utilizar para mejorar su propia vida. Hice una lista de sus consejos, seguidos de mi opinión personal:

Perseverancia. Ningún negocio lo hará rico inmediatamente. Muchas veces deberá cambiar el negocio o la actitud. Lo importante es tener perseverancia y saber que llegará a su meta.

Escuchar las críticas y analizarlas. Al ser humano en general no le gusta ser criticado, y ésa es una de las razones por la que mucha gente no llega a ser exitosa. Los triunfadores escuchan y aceptan críticas y, aún más importante, las analizan y llegan a conclusiones que mejoran su vida y sus negocios.

La suerte. No me cansaré de decir que la suerte no viene a uno, sino que es uno quien debe buscarla. Todos tenemos suerte, sólo que algunos supimos saber dónde buscar y otros no. Recuerde: "Si el barco no viene a usted, salga nadando a buscarlo".

Aprovechar las primeras horas de la mañana. Las primeras cuatro horas del día son las más productivas. Intente programar temprano esa importante reunión de negocios. Además, anote todas las ideas que le surjan durante estas horas y analícelas por la tarde; alguna producirá un cambio importante en su vida.

Mejorar su entorno social. Imagino que quienes me conocen se sorprenderán al darse cuenta de que Don Francisco y yo tenemos mucho en común, lo que demuestra que los triunfadores siguen caminos y consejos o filosofías de vida similares.

Rodearse de personas leales e inteligentes. Si quiere progresar, hay que rodearse de gente que progresa y que tiene una actitud positiva. Aprenda a ser selectivo.

Deportes. Su cuerpo, como su mente, son sus aliados para lograr el éxito. Si no están sanos, cualquier meta, por simple que sea, será casi imposible de alcanzar.

Familia sólida. Si quiere triunfar, resuelva sus problemas familiares antes de abocarse a sus problemas económicos.

Gastar menos de lo que gana. De este tema he hablado bastante y es el primer paso a seguir para cualquier persona que esté en búsqueda de la libertad económica.

Como Don Francisco, deseo que en pocos años podamos mejorar la situación económica y emocional de millones de hispanos alrededor del mundo.

CLAVE 32.

DOS VIRTUDES QUE LO HARÁN TRIUNFAR

Mientras yo repartía pizzas, fui descubriendo muchos de los secretos y de las técnicas que lee en este libro. Por esas virtudes he avanzado en el camino hacia el éxito financiero, acompañado de una mejor vida personal.

Planear su futuro personal y financiero se convertirá en algo fácil y placentero. Tendrá que cambiar algunos hábitos, pero lo primero es comprender que hay dos virtudes o aptitudes esenciales para llegar a una meta, las cuales pueden ser adquiridas fácilmente.

Esas dos virtudes son: **iniciativa** y **concretar resultados** o, en otras palabras, tomar acción. Tenga en cuenta que no le dije: "Desde hoy debe trabajar para ser el mejor tenista del mundo o el mejor jugador de futbol". Eso es más difícil de lograr si no desarrolló dicho talento desde la niñez. En cambio, demostrar iniciativa y concretar resultados son virtudes que se pueden descubrir y hacer evolucionar en cualquier etapa de la vida.

Hablemos de la iniciativa: Cada día, por su mente pasan decenas de ideas pero su rutina, su entorno, su trabajo y sus obligaciones lo superan y no le permiten analizarlas. Adicionalmente, el conformismo es su peor enemigo por lo que, desde hoy, reconózcalo, identifíquelo y combátalo.

Le doy un ejemplo: Un día llegó a mi oficina, para una sesión de consulta, un señor que durante más de 10 años había sido albañil y había trabajado siempre para la misma empresa. Se sentía inconforme con su vida y con su trabajo, pero no sabía cómo salir de la rutina. El señor se levantaba cada mañana para ir al trabajo y esperaba a que dieran las cinco de la tarde para volver a casa. Obviamente, las decenas de ideas que le pasaban por la mente nunca llegaban a su consciente... y así pasaron 10 años. Le dije: "¿Quiere cambiar su vida **ahora mismo**?" Me miró sorprendido y me respondió: "Me encantaría".

Le pedí entonces lo siguiente: "Mañana mismo irá a una imprenta y se hará tarjetas de negocio que digan que es albañil y pintor; luego, comenzará a dárselas a todos los que pasen delante de usted y, aún más importante, en cada trabajo que vaya a hacer, las repartirá de manera discreta a los vecinos diciéndoles: Estoy arreglando la casa de su vecino y si algún día necesita a alguien honesto y trabajador, por favor llámeme. Esto es todo, ¿cree usted que pueda hacer esto?" Me respondió afirmativamente y le comenté: "Los 10 años pasados ya se fueron, pero desde hoy estamos planeando los próximos 10, y yo le garantizo que si usted hace este simple ejercicio, en menos de 12 meses tendrá su propia empresa y, en menos de 24, no tendrá que dedicarse ya a ese trabajo, dado que contará con empleados que lo harán por usted".

Le pregunté: "¿Se ve en unos años como empresario?" Con una sonrisa que no le había visto, me contestó: **"Sí, me veo como empresario y lo más importante es que me dio una razón para vivir y sentirme feliz"**. Todo lo que tomó para cambiar su vida fue hacerlo reaccionar para tomar la iniciativa. Una vez logrado esto, los resultados vienen solos, siempre y cuando se esté dispuesto a tomar acción y a ser perseverante. El mensaje es que logre tener su mente clara para percibir las ideas que crea y luego decidir con cuál de ellas se identifica más para ir hacia una nueva meta en su vida.

A nuestro alrededor hay muchos creadores de ideas con iniciativa. Casi a diario tienen nuevas ideas acerca de un negocio o trabajo. Comienzan entonces a trabajar sobre una de ellas pero, a las semanas, se les ocurre otra y dejan lo que anteriormente estaban desarrollando para irse detrás de una nueva oportunidad. Al mes sucede lo mismo de nuevo y 10 años más tarde están en el mismo lugar, sin haber concretado algo. *Por eso es tan importante conseguir tener las dos virtudes.*

Una vez que tenga una idea, estúdiela a profundidad por varias semanas. Si después de ese lapso sigue pensando que su idea es buena, trabaje en ella hasta llegar a su meta; si mientras tanto surge otra buena idea, tome nota y déjela para más adelante. Si usted es una persona que ha aprendido a manejar sus tiempos, es posible que pueda llevar a cabo dos ideas al mismo tiempo, pero no se exceda más de eso.

Le pido que tome un papel y un lápiz en este instante, escriba la idea que le está pasando por la mente y comience a trabajar en ella. Y, por favor, no siga leyendo hasta que haya terminado esta simple tarea.

CLAVE 33.

CREATIVIDAD Y ACTITUD LLEVAN AL ÉXITO

Hemos hablado ya de la importancia de la iniciativa y de tomar acción. Desde que comencé esta misión repito que, independientemente de a qué se dedique, hay que intentar ser **creativo** para diferenciarse de la competencia y que si no tiene la **actitud** adecuada, no conseguirá llegar a sus metas.

Los ejemplos reales pueden servirle para recapacitar y elegir desde hoy su nueva **actitud** de vida.

Una noche hice una reservación para cenar con dos parejas de amigos en un restaurante. Aunque llegamos puntuales, la señorita que nos recibió nos pidió, con una sonrisa, que esperáramos en el bar durante cinco minutos mientras la mesa estaba lista. Pasado exactamente ese tiempo, volvió para disculparse porque todavía no podíamos pasar pero, a cambio, nos invitó unas bebidas. Cuando regresó, pidió disculpas por el retraso y sabiendo que éste se prolongaría un poco más, se acercó a nuestras esposas y comenzó a halagar su vestimenta, accesorios y peinados. Esperamos en total 25 minutos, pero ¿cree que nos enojamos? En cualquier otro restaurante nos hubiésemos ido mientras que en éste disfrutamos la espera. Después de una cena con una atención y servicio impecables, pedí que llamaran al gerente; el 95 % de las veces que un cliente lo llama es para quejarse, por lo que normalmente ya vienen mentalmente preparados para excusarse.

Le dije: "Quiero felicitarlo porque no puede ser casualidad que todos sus empleados tengan la actitud correcta y sean tan profesionales; sin duda, esto es resultado de su trabajo con ellos y quiero que por favor me dé su nombre completo para enviar un correo electrónico a las oficinas de esta corporación, porque ellos deben saber de su labor. Lo felicito también ya que si no fuera por la empleada que nos atendió, nos hubiésemos ido; estoy convencido de que la actitud de esta joven hace que los clientes regresen más seguido".

Moraleja: Todos quedamos muy contentos. El gerente volvió a su casa motivado; la empleada llegará muy lejos con esa actitud y la empresa seguirá aumentando sus ventas por haber entendido que en un restaurante la comida debe ser excelente para sobresalir, pero debe ir de la mano con un excelente servicio y de una atmósfera adecuada para tener un negocio sin competencia.

Tiempo después, un cliente mexicano me comentó que le gustaría consultarme sobre un negocio y que, si tenía tiempo, podíamos comer juntos. Me vino a la mente ese mismo lugar en Fort Lauderdale pero, al llegar y dejar mi automóvil con el *valet*, me preguntaron si tenía reservación. No había recordado ese detalle, pero entré con la ilusión de que estuviera la misma joven de origen colombiano de la vez anterior para conseguir una mesa sin reservación y sin tener que esperar 60 minutos.

Definitivamente era otro día positivo para mí: no sólo estaba la joven, sino que me reconoció y dejó lo que estaba haciendo para darme la bienvenida en un *hall* en el que había más de 20 personas esperando. Cuando me dijo: "Su mesa está lista", le contesté: "Eres especial y te espera un futuro brillante, por favor felicita a tus padres de mi parte". Y aunque lo siguiente parezca extraído de una novela, el caso es que a los pocos minutos llegó el gerente con dos copas de champaña para darnos la bienvenida y ponerse a nuestras órdenes.

Moraleja: Lo que yo hice la primera vez que fuimos al restaurante fue sin interés alguno, era simplemente la actitud de "honor a quien honor merece", pero ésta es otra prueba de que cuando tiene la actitud de vida correcta, beneficia al universo completo... y esto lo incluye a usted mismo.

Ahora va la de sal. Un domingo fui con mi familia a comer pizza a mi lugar preferido; era tarde, por lo que prácticamente no había gente y el mesero seguramente estaba aburrido. Cuando trajo las pizzas, literalmente las tiró sobre la mesa y se retiró. Yo pensé que este joven se había olvidado de que sus ingresos dependían en parte de las propinas. Reconozco que soy exigente y me gusta que me atiendan como yo atiendo a los demás así que, cuando el mesero pasó por ahí, le dije: "¿No te parece que nos podrías haber servido la pizza para que mi esposa no tuviera que pararse a servirnos a todos?" Esto, puesto que iban con nosotros algunos amigos de nuestros hijos pequeños y estábamos en mesas separadas. El mesero no me respondió y puso cara de enojo. Estuvimos más de una hora y ni una vez fue a preguntar si necesitábamos algo.

Moraleja: Dentro de 20 años, este joven seguirá probablemente de mesero, dejando pasar la vida sin saber que con sólo un cambio de actitud tendría una vida mejor. Yo siento vergüenza ajena cuando una persona que vive de propinas no tiene la educación comercial básica para entender que una sonrisa significa un 30% extra de ingresos, que un buen servicio significa un 40% extra de ingresos y que la simple creatividad puede significar un 50% extra de ganancias, además de que podría llegar a ser el gerente del lugar y, lo más importante de todo, que está en el buen camino para llegar al éxito.

Entremos ahora a los ejemplos con el tema de **la creatividad.**

Hace unos años, tuve que entrevistar a diferentes profesionales para elegir al más apropiado en cada rubro para atender las necesidades de mis clientes. Había entrevistado a más de cinco abogados de inmigración pero había visto en la televisión a un joven que parecía saber del tema y tener una actitud apropiada; le pedí a mi secretaria que lo llamara y le pidiera una reunión para hablar de negocios.

A la mañana siguiente, mi secretaria me dijo que el abogado podía verme al día siguiente, pero que el costo de la entrevista era de 100 dólares. Le pedí que volviera a llamarlo para explicarle que no necesitaba de sus servicios sino que lo quería entrevistar. Mi secretaria volvió con la respuesta: "Él entendió, pero dice que su tiempo vale". Aunque es también un ejemplo de mala actitud, lo usaré como uno de falta de creatividad. No hice negocios con él porque pensé que si su tiempo valía 100 dólares no debía estar tan preparado y su falta de creatividad me demostró que no estaba a la altura de mis clientes. Él nunca sabrá del dinero que dejó de ganar por su vergonzosa forma de valorar su tiempo.

Otro es el caso de dos vendedores de vehículos: Carlos, quien trabaja en la misma agencia desde hace 10 años, y Alberto, quien cambia de agencia cuando la competencia le ofrece una mejor comisión. ¿Cuál de los dos ganará más dinero después de 10 años? Sin duda, Carlos; él se esfuerza por conseguir un cliente satisfecho que regrese cada tres años y le envíe a otros clientes, mientras que Alberto labora por ganar una comisión. Esa simple diferencia significa ganar 100 mil dólares al año, en lugar de 30 mil. Este ejemplo es válido para casi todas las profesiones de ventas.

Le ofrezco una simple técnica de ventas que puede significar que en seis meses gane el 30% más que hoy. Su motivación diaria puede ser: "Hoy trabajaré para agregar de cinco a 10 nuevos contactos a mi base de datos". Suena simple, ¿verdad? Y lo es, así que ia comenzar ya! Con perseverancia y con visión ihoy está construyendo el mañana! Y el futuro no puede ser otro más que exitoso y feliz.

● ●

Estoy convencido que muchos lectores, sin importar en qué país vivan, están sin trabajo o ganando poco dinero, por falta de creatividad. Si usted invirtió tiempo y dinero en aprender algo, utilice esos conocimientos para crear un trabajo que se convierta luego en una empresa y, lo más importante, que haga que usted se levante cada mañana más motivado porque estará ganando dinero haciendo lo que le gusta.

Si sabe tocar cualquier instrumento, ¿por qué no ha invertido 100 dólares en ofrecer sus servicios en un periódico? ¿Por qué no ha preparado volantes y entregado a la salida de las escuelas?, ¿por qué no ha hecho un resumen de su hoja de vida y lo ha enviado a todas las escuelas privadas de su área?, ¿por qué no ha negociado con las tiendas que venden instrumentos musicales donde ofrezcan a sus clientes que si compran con ellos, recibirán cinco clases gratis? ¿No cree que esta negociación beneficiaría a todos? Imagine la posible demanda.

Esto mismo aplica para un buen masajista, un profesor de arte marciales, un profesor de natación, un chef, un profesor de matemáticas, un psicólogo, un experto en computadoras o un joven que se destaca en algún deporte y que, en vez de trabajar en McDonald's, podría dar clases privadas de básquetbol o soccer. **¡Sea creativo y su futuro será exitoso!**

No importa en qué país viva: le invito a tomar acción de inmediato.

CIERRE LOS OJOS Y PIDA UN DESEO

Si usted me lo permite, vamos a soñar juntos y haremos realidad ese sueño. ¿Se anima a soñar o teme que no se cumpla?

Me animo a decir que una gran parte de la población mundial no sueña ni tiene aspiraciones por las que esté dispuesto a luchar así que, obviamente, sólo consiguen sobrevivir y viven esperando que sea domingo o día de descanso para sentir felicidad.

Si usted no tiene sueños ni aspiraciones, no puede esperar que le vaya bien en su vida. Desde hoy comience a soñar y, después de tener claro lo que quiere, empiece a buscar el camino para cumplir ese sueño.

Imagine: Estamos caminando por la playa y nos encontramos con la lámpara de Aladino, la levantamos, la frotamos, sale el genio y nos dice: "Le puedo cumplir **sólo** un deseo, ¿cuál elige?" Piense en su deseo; yo voy a elegir el que creo que identificará a más personas: **"Quiero ser millonaria/o"**. Una vez identificado su deseo, haga un plan para alcanzarlo; sabemos que sólo soñar no es suficiente: *"El que sólo sueña, vive dormido toda su vida"*.

Si su sueño o deseo es convertirse en millonario, lo primero que hay que tener claro es que cualquiera puede llegar a serlo si vive en un país libre y democrático. El hecho de que su país sea más rico o más pobre no interfiere con su cometido.

Usted no puede llegar a tener mil dólares ahorrados si nunca deposita un primer dólar, por lo tanto cada dólar cuenta. A un niño hay que alimentarlo para que crezca, y lo mismo hay que hacer con esa cuenta. Vaya hoy mismo al banco y comience a depositar la mayor cantidad de dinero que pueda cada semana. Cada vez que sienta

● ●

ganas de comprar ese café de la mañana, un pantalón nuevo, una cartera, ir a cenar a un buen restaurante, etc., piense: "Si agrego ese dinero a mi cuenta de ahorros estaré mas cerca de cumplir mi sueño y entonces me compraré una cartera mejor, comeré en los mejores restaurantes y manejaré el auto más caro". Tal vez ese pensamiento le hará sentir un placer suficiente como para no querer comprar ese café o realizar un gasto innecesario, por lo que cada mes estará más cerca de cumplir su sueño.

Esta nueva conducta hará que se sienta mejor, más seguro y verá con asombro que se comportará de forma que tal vez sorprenda a los demás. Será más exigente en otros aspectos de su vida, como por ejemplo, su trabajo.

Si su sueño fue otro, asócielo a éste y siga los mismos pasos; verá que los resultados serán los mismos.

¡Ahora le tengo una buena noticia! El genio le dijo que sólo le puede cumplir un deseo, pero lo que no le aclaró es que usted puede caminar por la playa diariamente **¡y pedir uno nuevo cada día de su vida!** Cierre los ojos y sueñe sin miedo: los sueños se hacen realidad con sólo creer en ellos y tomando acciones inmediatas.

CLAVE 35.

QUE LOS HERMANOS SEAN UNIDOS

"Que los hermanos sean unidos, porque esa es la ley primera, porque si entre ellos se pelean, los devoran los de afuera".
Martín Fierro, de José Hernández

En la vida puede elegir negociar una mejor o peor vida personal o financiera, pero la importancia de vivir unido y respetar a un hermano no se negocia.

Si no respeta a su hermano y viceversa, ¿cómo puede esperar que lo respeten los demás? Si no siente amor por su sangre, ¿cómo puede sentirlo por otra persona? Si no siente deseo de ver feliz a quien creció con usted y con quien convivió por años, ¿cómo puede sentir felicidad por los triunfos de otros? Si no siente dolor por las necesidades o problemas que tenga ese ser querido, ¿cómo puede sentir dolor por los contratiempos de los demás?

Comencemos a juzgarnos a nosotros mismos antes de juzgar a los demás y reconozcamos si damos o no lo mejor de nosotros mismos. Hace unos meses escuché al cantante Ricardo Montaner decir: **"Estar enamorado me hace mejor persona"** ¡Qué frase! No sé si está a la altura de las enseñanzas costumbristas de *Martín Fierro* pero, sin duda, esas seis palabras resumen una gran realidad y, además, dicen mucho de su calidad como persona. Es una gran verdad: cuando alguien ama, tiene una energía especial que lo hace sentir muy bien y adoptar una actitud de vida que lo beneficia tanto a él como a quienes lo rodean.

Le contaré algo. Cuando hay una elección política, yo pongo atención a la persona y a su interior. Le confieso que, para mí, es más importante que un candidato sienta amor, lealtad y respeto por su familia que el que tenga un doctorado en Ciencias Políticas. Sin que le suene cursi, ¿cómo puede esperar que un presidente trabaje y se interese por el bienestar de un país si no da ni recibe amor? Haga el siguiente ejercicio: Elija a los presidentes de los países que, según su apreciación, están en malas condiciones política y económicamente hablando y dígame si, aunque sea uno de ellos, tiene una relación de pareja sana. ¿Comparte conmigo el que esto que digo no es un concepto medio cursi, sino que encierra un significado real?

Como ya sabemos, la familia no se elige; los amigos y los políticos sí. El día que comencemos a ser más selectivos, más honestos, más comprensivos y aceptemos a nuestros seres queridos como son, empezaremos a construir un mejor futuro social y económico para nuestros pueblos.

Si en las próximas elecciones no está dispuesto a elegir a alguien con buen corazón y con una familia feliz, en lugar de decidirse por alguien que le diga lo que quiere escuchar, por lo menos comience a recuperar ese amor que sentía cuando era chico por su hermana o hermano, y dígaselo. Haga el esfuerzo, levante el teléfono y dígale que comparte su sangre, que lo quiere y que esta ahí para cuando lo necesite.

Como latinos, compartimos factores que nos hacen diferentes a la cultura anglosajona, algunos a favor nuestro y otros en contra. Sin embargo, nadie puede dudar que tenemos principios familiares muy sólidos y no podemos perder esa virtud.

CLAVE 36.

¿ESTÁ TODO INVENTADO?

Durante una charla con estudiantes universitarios, me comentaron que actualmente es más difícil convertirse en millonario porque ya todo está inventado... Ese concepto se parece al de quienes ven la botella medio llena o medio vacía, porque todo depende de la forma en que usted contemple las oportunidades.

Yo creo que no importa lo inteligente que usted sea, ni la universidad en donde haya estudiado o los títulos que haya conseguido; lo que realmente cuenta para ser diferente a la competencia y para triunfar en la vida es su creatividad. **Un genio sin creatividad no es triunfador.**

Recuerdo haber oído ese mismo comentario durante mi adolescencia por parte de adultos que nunca llegaron a vivir en plenitud ni a conseguir la libertad económica tan anhelada.

Años más tarde, con el auge de Internet, muchos se convirtieron en millonarios. Desde Bill Gates y los jóvenes que inventaron páginas como Google, Amazon y Facebook hasta empresarios como Carlos Slim. Mientras que millones de personas en el mundo pensaban que ya todo estaba inventado, otros veían oportunidades. Eso es lo que marca la diferencia.

Si un estudiante o empresario que haya invertido años de estudio y sacrificio tiene ese pensamiento, se verá limitado de por vida. Cada año que pasa, hay y habrá más para inventar y una prueba de esto es que, año tras año, puede leer los nombres de los nuevos millonarios.

Presentes en aquella charla había varios estudiantes internacionales, quienes me preguntaron si debían vivir en Estados Unidos para lograr sus aspiraciones económicas. Textualmente, respondí: "Obviamente es más fácil llegar a metas financieras en países del Primer

Mundo, con garantías jurídicas y con una democracia consolidada, pero hoy en día, en el mundo globalizado en el que vivimos, usted puede vivir en Haití y hacer negocios con China o con cualquier país del mundo. A mi entender, es más importante su creatividad y ganas de ir por más en la vida, que el país en donde resida".

Es verdad que en Estados Unidos hay un mayor poder adquisitivo y que es uno de los países con mayor consumo en el planeta, pero también es cierto que hay mucha más competencia calificada, por lo que se requiere estándares más elevados de preparación. No deje que su mente lo limite pensando en que vive en el país equivocado.

Sabía que después preguntarían si yo consideraba que las mujeres profesionistas están en desventaja con los hombres al momento de negociar un puesto de trabajo y un salario. Sin negar la existencia de prácticas discriminatorias en muchos lugares, respondí: "De ninguna manera: una empresa que busca un profesional, no subestima a un candidato por su sexo, religión o color de la piel; en la mayoría de los casos, el mismo candidato se discrimina a sí mismo y cuando no consigue el puesto, le echa la culpa al hecho de ser mujer, de color o muy bajo de estatura. Es ahí donde uno descubre los verdaderos complejos de las personas".

Al percatarme de que en la audiencia había personas que no dominaban el español, utilicé los últimos 30 minutos para dirigirme a ellos en inglés. Elijo una de las preguntas que me hicieron: "¿Por qué cree usted que los inmigrantes, sin importar el país del que vengan, suelen ser los más estudiosos, los que reciben más reconocimientos y, en muchos casos, los que llegan más lejos que los nativos de Estados Unidos?

Eso me dio la oportunidad de expresar lo que, estoy convencido, viene sucediendo desde hace más de 100 años. Y es que la mayoría de las personas que emigran lo hacen buscando una mejor vida. Quien nunca ha emigrado, no puede tener ni idea lo que uno siente cuando deja su país. Lo que lo hizo dejar su patria es la misma motivación que impulsa a quienes desean sobresalir en sus estudios.

En tanto, hay muchos estudiantes en Estados Unidos que dan los estudios por un hecho y no aprecian la oportunidad que la vida y este gran país les da. No es que los inmigrantes sean más inteligentes sino que están más motivados, por lo que estudian con más ganas y consiguen sus sueños gracias a ese enfoque positivo.

He dado varias charlas pero confieso que ésta me llenó de una gran satisfacción personal. Sentí que habría eco, que más de una mente inquieta sintió la conexión con el canal y con el mensaje. Esas tres horas fueron tal vez una de sus mejores inversiones de tiempo para el futuro. El sólo pensar que uno de ellos pueda llegar a ser el mejor médico o el mejor abogado del país, me motiva y me conmueve profundamente.

CLAVE 37.

DE VAGABUNDO A EMPRESARIO

En uno de mis tantos viajes a México, salí del aeropuerto a esperar mi transporte y me crucé con un joven de unos 22 años, mal vestido y muy delgado, quien me preguntó tímidamente si me podía llevar la maleta.

Le pregunté para quién trabajaba, me dijo que "para nadie" y que ni siquiera debía estar ahí, que había estado preso, que nadie le daba trabajo y que tenía un hijo de un año y una esposa que alimentar. Le pregunté qué trabajo le gustaría realizar y su respuesta fue: "Cualquiera que me permita ganar 300 pesos diarios, con eso sería feliz". Sin saberlo, en ese instante ese joven me dio una gran lección de vida.

Le pregunté: "¿Me crees si yo te digo que hoy puede ser el primer día de tu nueva vida?" Se sonrió y contestó: "No sé". Le dije: "Si tú haces caso a lo que te voy a decir, en menos de un año cambiarás tu vida y ganarás más de mil pesos al día. ¿Estás dispuesto a hacerlo?" Me respondió: "Creo que sí". Le comenté que la próxima vez que nos viéramos seguiríamos hablando y me subí a la camioneta que me estaba ya esperando, pero él se acercó y me preguntó qué era lo que tenía que hacer. Me bajé del vehículo y nos sentamos a un costado de la calle para hablar.

El joven, que se llama Francisco, me prometió seguir mis consejos y no rendirse. Pude notar que, por su nerviosismo y anticipación, él estaba seguro de que algo bueno estaba por sucederle.

"Vuelve aquí mañana, pero vestido con la mejor ropa que tengas y peinado como el día en que te casaste. Luego irás a todas las agencias de taxi y transporte que hay en el aeropuerto y que no te quisieron dar trabajo; le preguntarás al dueño o gerente cuánto dinero te da por cada cliente que le traigas para que use su servicio. Supongamos que te dice que 30 pesos; luego vas a la competencia y preguntas lo mismo, pero diciendo que ya te ofrecieron 30 pesos, que es poco y que si te ofrecen más, los eliges a ellos para traerles tu negocio". Sin que lo supiera, con esa acción dejaría de pedir limosna o solicitar un trabajo como si estuviera pidiendo un favor, para pasar a ser él quien le hiciera el favor a la empresa.

Le dije que, una vez que lograra la cantidad mayor, volviera con aquel del que había recibido un mejor trato y le comentara: "Señor, me ofrecen 50 pesos en su competencia, pero me gustaría más trabajar con usted, se ve que es una persona honesta y yo lo ayudaré a que haga más viajes cada día, sólo necesito que me pague 50 pesos (unos cuatro dólares), no más, y desde este momento me pongo a trabajar. En el instante en que sabes para quién trabajas comienza tu nueva vida; te irás a la salida internacional del aeropuerto, te acercarás con respeto a la gente y les ayudarás con las maletas sin cobrar nada, les darás la bienvenida y un mapa de la ciudad, mientras les ofreces un transporte seguro y el más económico disponible. Créeme que de cada cuatro personas, mínimo una seguirá tu consejo. Así, sólo necesitas seis personas por día para ganar 300 pesos sin contar las propinas que recibirás".

Le expliqué cómo llegarle a la gente para hacerse escuchar. Francisco comenzó a llorar y me prometió seguir mis consejos. Le dije: "Aquí tienes unos pesos para que compres una camisa y un pantalón; esto no es un regalo sino un préstamo comercial para comenzar tu negocio, cuando nos volvamos a ver me devuelves mi dinero, ¿de acuerdo?"

Al siguiente año, durante un viaje de vacaciones a la Riviera Maya y cuando estábamos en el aeropuerto para volver a Miami, entré con uno de mis hijos a un local. Escuché una risa contagiosa y, aunque le parezca mentira, ahí estaba Francisco sentado, tomando un refresco con un amigo. La piel se me puso carne de gallina –como se dice en algunos de nuestros países–, la emoción me invadió, se levantó, nos dimos un fuerte abrazo y confieso que se nos salieron unas lágrimas.

Francisco ya era empleado oficial de la agencia de transporte y tenía además la responsabilidad de recibir a los clientes que reservaban los servicios por adelantado vía internet. Orgulloso, me contó que ganaba 600 pesos al día. Lo felicité y le pregunté: "¿Cuál es tu próxima meta?", a lo que contestó: "Señor, ya gano más de lo que yo necesitaba, ya no tengo más metas". Con esa actitud digna de quien sabe agradecer, me dijo: "Acá está su dinero". Esa honestidad en la mirada que suelen tener las personas humildes, modestas y con gran integridad, me inspira.

Le dije: "Estoy orgulloso de ti, pero creo que me debes más que este dinero por haberte ayudado a cambiar tu vida." Me preguntó cuánto dinero quería. Me sonreí: "Quiero que siempre que consigas llegar a una meta, comiences a pensar en la próxima". Le pregunté si tenía teléfono, automóvil, casa propia, si había llevado a su familia de vacaciones. A todo me contestó negativamente. Le pregunté: "¿Te gustaría tener todo eso?" Me contestó que sí, y le pregunté: "¿En dónde estarás el año que viene cuando nos veamos?"

Desconcertado, me confesó que no lo sabía. Entonces sucedió algo mágico. Le pregunté si sabía manejar un automóvil y me dijo que no, lo cual detonó la siguiente lluvia de ideas y pasos concretos para establecer la nueva meta. Le devolví el dinero y le dije: "Quiero que se lo des a algún amigo para que te enseñe a manejar; luego, buscas a un taxista para que te lleve a recorrer todos los hoteles y aprendas en dónde está cada uno; después irás a la agencia más prestigiosa de transporte privado en Cancún y le dirás que estás entrevistando a las mejores agencias para decidir con quién quieres trabajar, hablarás con seguridad y te venderás como el mejor vendedor. No irás a vender nada, pero créeme que el gerente entenderá el mensaje".

Agregué que, si fuera necesario, se ofreciera a trabajar gratis una semana para que vieran lo que podía aportar a la empresa y que, al año siguiente, no sólo debía devolverme el dinero, sino llevarme gratis a mi hotel en limusina. Le dije: "Durante ese viaje hablaremos de tu próxima meta, ¡la que te permitirá ir a Miami a visitarme!" y le mencioné que no tenía duda de que llegaría ser un gran empresario: "Desde hoy, recuerda que en la vida hay que dar para recibir. Si quieres recibir más de la vida, ayuda a personas como tú a que hagan lo mismo. Te hará sentir mejor y estarás contribuyendo a forjar el futuro de mucha gente".

Me miró con gratitud y dijo: "Señor, ya lo estoy haciendo, dos de mis hermanos trabajan conmigo". Le comenté que le había tomado menos tiempo que a mí darse cuenta de esa realidad, por lo que le pedí que no se rindiera nunca y que no se dejara desmotivar.

Francisco es un ejemplo más de superación que demuestra que, si se lo propone, cualquier persona puede mejorar su vida usando la creatividad, independientemente de las carencias que se crea tener.

CLAVE 38.

¿QUÉ TIENEN EN COMÚN LOS HOMBRES MÁS RICOS DEL MUNDO?

Me parece sumamente importante saber lo que estas personas tienen en común para que nos sea más fácil llegar a nuestras metas financieras. Encontré decenas de personas que tienen miles de millones de dólares, pero elegí a algunas para esta clave.

Carlos Slim es hoy el hombre más rico del mundo. Comenzó a trabajar a los 13 años y desde entonces comprendió la importancia de ahorrar. Con sus primeros 5 mil dólares compró acciones de una empresa... el resto es historia. Hoy tiene 74 mil millones de dólares. Una de sus frases, la cual adopté como modelo de vida hace unos años, es: *"Comprar bien es una disciplina"*. No puede usted imaginarse lo que esa frase significó para mí.

Román Abramovich, cuyos padres murieron cuando sólo tenía cuatro años de edad, fue criado por diferentes familiares y hoy tiene 11 mil millones de dólares.

John Paul DeJoria vendía diarios y tarjetas en la calle para ayudar a su madre soltera. Como ella no podía afrontar el gasto de su manutención, lo envió a un orfanatorio. Cuando cumplió la mayoría de edad, dormía en un automóvil y luego comenzó a vender productos de puerta en puerta. Su patrimonio llega hoy a 4 mil millones de dólares.

Leonardo del Vecchio es hijo de una madre viuda que no podía mantenerlo, por lo que también fue enviado a un orfanatorio. Comenzó trabajando en fábricas más de 12 horas diarias con el sueldo mínimo permitido por la ley. Hoy, su fortuna asciende a 10 mil millones de dólares.

Larry Ellison es hijo de una madre soltera adolescente, nacido en el barrio del Bronx, Nueva York, fue enviado a vivir con su tía a Chicago. Tuvo que dejar sus estudios cuando su tía y madre adoptiva murieron. Hoy su patrimonio tiene un valor de 28 mil millones de dólares.

Micky Jagtiani comenzó manejando un taxi y limpiando hoteles. Su único hermano murió de leucemia, a los tres meses su padre falleció por la diabetes y poco tiempo después, su madre murió de cáncer. No había cumplido ni los 21 años. Hoy su fortuna alcanza los 3 mil millones de dólares.

J.K. Rowling es una madre soltera que estaba en bancarrota y bajo depresión. Vivía de programas asistenciales del gobierno y hasta pensó en suicidarse. Sin embargo, se dio cuenta de que la vida le da oportunidades a todas las personas que realmente las buscan. Hoy es la autora de la zaga de Harry Potter y su riqueza está valorada en mil millones de dólares.

¿Qué tienen en común estos personajes y tantos otros millonarios? Como puede ver a través de estos ejemplos, no hay pretexto para no triunfar en la vida. La única limitación es su mente. Estoy convencido de que no hace falta nacer rico para ser rico; no hace falta que nos regalen dinero para tenerlo; no es necesario tener un posgrado en Harvard para triunfar. Todo lo que hace falta es tener la voluntad de superarse. No tenemos que ser huérfanos ni llegar a la bancarrota para tomar acción en la vida.

Utilicé estos ejemplos por un común denominador que los une. Una vida de disciplina y un historial de carencias.

Todos ellos comparten la misma actitud que incluye el perdón, la aceptación, el desafío, las ganas de superarse y supieron cómo automotivarse a pesar de la triste realidad que les rodeaba en alguna etapa de su vida.

Si quisiera que uno de sus seres queridos emulara a personajes triunfadores en cuanto a riquezas materiales, mi consejo es que le enseñe la importancia de ahorrar dinero, el valor de las inversiones oportunas y de tener conducta y paciencia. Es básico que sus hijos menores de edad o adolescentes entiendan que es más placentero usar el dinero para invertir en acciones que para comprar cerveza, cigarrillos o un automóvil nuevo. Sin importar la edad, puede mejorar su vida; es cuestión de cambiar su actitud.

En la mayoría de los ejemplos que elegí, las personas sufrieron mucho y ese dolor los motivó a cambiar su vida. Hay quienes sufrieron igual, pero ese mismo dolor los llenó de rencor y odio al prójimo. En otros casos, el sufrimiento los lleva a las drogas, al robo y hasta a la muerte. Como puede apreciar, las mismas circunstancias tienen dos caminos... usted tiene la oportunidad de elegir el suyo.

CLAVE 39.

¿QUE HAGA DINERO MIENTRAS ESTOY DURMIENDO O DE VACACIONES?

¿En qué está usted invirtiendo hoy? ¿Cuánto ahorra al mes?

No importa si tiene 500 dólares o 2 millones en el banco. Si no tiene el hábito de ahorrar e invertir, el resultado será el mismo. Lo único que cambiará es el tiempo que le tomará gastar ese dinero.

Ahorre dinero **ya** y sin pretextos. Estará en camino a una vida sana económicamente cuando ahorre y gane dinero mientras duerme o esté de vacaciones, poniendo el dinero a trabajar para usted, el cual es uno de los secretos de las personas con libertad económica.

No conozco a una sola persona económicamente exitosa que se haya hecho millonaria sólo trabajando y percibiendo un sueldo. Hay profesionistas que ganan mucho dinero, pero viven endeudados por no saber invertir y administrar su dinero. Muchos incluso terminan declarándose en bancarrota más de una vez.

No es suficiente –ni siquiera necesario– ir a la universidad para ser exitoso y millonario. Una persona que ahorra e invierte, llegará más lejos que cualquier profesional universitario que no lo haga. ¿Quiere ser doctor? Vaya a la Facultad de Medicina; si quiere ser millonario lo invito a que asista ia la Universidad del Éxito!

Si no tiene dinero para comenzar, sea creativo en vez de lamentarse. Construya un buen historial crediticio y, en pocos meses, tendrá líneas de crédito de compañías como Visa, MasterCard, American Express, bancos, etc., y con esos recursos empiece a invertir: el costo de ese dinero será menor al rendimiento que recibirá y estará en camino a ser un empresario exitoso.

Siempre pague sus cuentas a tiempo. Al dejar de pagar una deuda, el mayor perjudicado será usted; si cree que es una decisión inteligente no pagar algo a lo que se comprometió o que no pagar es mas fácil que pagar, su escala de valores necesita revisión urgente. Si aplica esto en forma general, usted está lejos de convertirse en una persona exitosa.

No apueste a eso. Su futuro vale más. Como su mente se concentra en la supuesta solución más fácil, no trabajará adecuadamente en un negocio porque su subconsciente tiene la siguiente información grabada: *Si el negocio sale mal, no le pago a nadie y listo.* Esta frase de 12 palabras le está costando 100 veces más que los 50 mil dólares que no quiso pagar.

Recuerde, si ya se arruinó su historial crediticio, **nunca** es tarde. Puede arreglar su crédito y comenzar de nuevo. Supongamos que esto no es posible. ¿Qué haremos? ¿Seguir lamentándonos o buscar otra solución?

Hay dos formas de hacer dinero: 1. Con dinero. 2. Con gente. Ésta puede ser su ocpión. Me explico: Hace mucho tiempo, yo no tenía dinero y comencé a utilizar el de mis tarjetas de crédito para invertir; pero mi ansiedad por conseguir más en menos tiempo me hacía pensar en qué más podía hacer. Empecé a buscar un negocio en el cual otras personas trabajaran para mí y así conseguir estar en varios lugares al mismo tiempo y ganar dinero mientras dormía.

Contraté a cinco jóvenes para que vendieran mi mercancía en tiendas. Yo compraba por dos dólares y ellos vendían en 10. Yo les pagaba tres dólares por pieza y me ganaba cinco. Vendían un promedio de 20 piezas en 8 horas, lo que significaba una ganancia de 100 dólares por vendedor lo que multiplicado por cinco vendedores, daba una utilidad diaria de unos 500 dólares. Nada mal, ¿no?

Su mente es poderosa: si la usa adecuadamente y no se pone excusas, puede llegar tan lejos como quiera. Los límites los pone usted y no la economía o el gobierno.

CLAVE 40.

UN BUEN INVERSIONISTA, ¿NACE O SE HACE?

Durante una plática con 260 estudiantes universitarios descendientes de familias latinas o inmigrantes hispanos de primera generación resultó que el tema que más les interesaba desarrollar era el de las inversiones. Lo primero que les dije es que **un buen inversionista no nace sino que se hace.**

Hay quienes creen que se nace dado que, si uno de los padres resultó ser un buen inversionista, se cree que es un don que se hereda: se concluye, erróneamente, que viene en sus genes. Mi hipótesis es que el hijo es tan buen o mejor inversionista que sus padres si desde pequeño se le enseña la importancia de ahorrar primero y luego de invertir. Cuando de niño se lleva esta información al subconsciente, de joven le será más natural sentir interés por las inversiones y tomar decisiones más acertadas.

A veces, lo peor que puede sucederle a un niño o a un joven es tener excelentes calificaciones en la escuela y ser considerado más inteligente o superdotado (lo que en Estados Unidos se llama *gifted*), lo que les hace pensar que una vez terminada su carrera, disfrutarán la vida y tendrán mucho dinero. Sin embargo, las estadísticas demuestran que esto no ocurre así necesariamente; en numerosas ocasiones, un porcentaje de esos alumnos modelo, terminan trabajando 12 horas al día para una buena empresa con un buen sueldo, pero sin llegar a la libertad económica, por lo que entran al círculo vicioso al que pertenece el 90% de la población, endeudados y sin poder independizarse.

Durante la charla, un joven me preguntó si yo tenía más dinero que Emilio Estefan. Me dio mucha risa la pregunta y le respondí: "Yo no sé cuánto dinero tiene Emilio, pero sí sé que posiblemente no tengo ni el 10% de la fortuna de los Estefan, pero entiendo su mensaje y me gusta su pregunta. No hace falta ser la persona con más dinero en el país para hablar de inversiones y, el tener dinero, no siempre implica saber más del tema o que se quiera impartir ese conocimiento. Creo que entre más dinero se tiene, menos tiempo o interés se presta en entrenar a otros en el mismo campo. Obviamente, para que alguien pueda hablar de inversiones, primero debe convertirse en inversionista y demostrar que sabe lo que hace; si luego tiene más o menos dinero que otro inversionista es secundario".

"No busque a un consultor por la cantidad de dinero que tenga, sino que trate de encontrar a alguien que haya cumplido las metas que se fijó y que le inspire confianza porque puede demostrarle que hizo el dinero sabiendo invertir sus utilidades. Me atrevo a dudar que alguien que haya heredado una fortuna o haya tenido un golpe de suerte tenga algo más que enseñarle sobre la actitud y disposición del manejo y crecimiento de sus finanzas. Yo personalmente pagaría por poder compartir un día con el señor Estefan; sin duda, sería una excelente inversión que me haría recuperar y multiplicar el dinero invertido. Le aconsejo que busque a alguien que esté dispuesto y que **sepa** enseñarle paso a paso qué hacer según sus circunstancias y metas en la vida. **En otras palabras, piense que su entorno comercial es tan importante como sus estudios y conocimientos**".

Una de las tantas diferencias entre un millonario y un empleado es que el millonario no tiene miedo a cometer errores o malas inversiones, mientras que los empleados a sueldo fijo tienen, por lo general, pánico al riesgo de perder el cheque seguro y a cometer equivocaciones: *Recuerde que si consigue ser un buen inversionista, el dinero trabajará para usted, en vez de que usted trabaje para el dinero.*

Mi consejo a los jóvenes fue que empezaran a ahorrar 10% de su ingreso mensual, sin excusas o excepciones. Que si ganaban 2 mil 500 dólares, se hicieran a la idea de que habían obtenido 2 mil 250, y que verían que ese dinero les rendiría lo mismo que el sueldo completo. Le sugiero que haga lo siguiente: en los próximos tres días, cada vez que ponga su mano en su bolsillo para pagar algo, anótelo en una hoja. Al cuarto día revise el detalle de los gastos y verá que hay muchos gastos innecesarios. El café de la mañana, el aperitivo, la soda extra, un almuerzo, esa camisa nueva, el juguete, la visita al centro comercial, un nuevo teléfono, etc. *Aprenda a apretarse el cinturón. Es un hábito como cualquier otro.*

Sé lo que está pensando, he escuchado toda clase de excusas en este tema. Mi respuesta es: "Puede hacerse el café y el almuerzo en casa, tener cinco camisas en vez de seis, el juguete extra puede estarle haciendo daño a su hijo, no necesito un teléfono si el que tengo todavía funciona y, para finalizar, le digo que los centros comerciales son para un futuro millonario lo que la botella de vino es para el alcohólico". Estos centros son responsables de la situación económica del 95% de los trabajadores. Me animo a decirle que, si no visita un centro comercial durante los próximos cinco años y pone el dinero que hubiera gastado ahí en una cuenta de ahorros, ¡es posible que no necesite ir a mis seminarios para mejorar su estado financiero!

Sin sacrificios no hay resultados y recuerde algo clave: Es preferible sacrificarse unos años, a vivir sacrificado toda la vida. Podrá venir a 100 seminarios, comprar 200 CD de superación personal, pero si no comienza a gastar menos de lo que gana, le será imposible cambiar su vida y la de sus seres queridos.

CLAVE 41.

UNA SIMPLE IDEA PUEDE SIGNIFICAR MILLONES DE DÓLARES

Hace muchos años, leí un artículo que explicaba cómo había comenzado el imperio comercial llamado Disney World.

Una mañana, Walt Disney despertó motivado y comenzó a pensar: ¿Cómo puedo hacerme millonario?, ¿cómo puedo construir un gran imperio sin tener el capital?, ¿cómo puedo convencer a otros de asociarse conmigo cuando ni yo sé qué negocio debemos iniciar?, ¿cómo puedo hacer historia en mi país? Un día, simplemente encontró las respuestas. ¿Cómo? Lo hizo **generando ideas**, hasta encontrar la que cubría todas sus necesidades.

Una de esas ideas era construir un parque gigante, con muñecos desfilando, un ratón carismático que le gustara a los niños, juegos infantiles donde los padres pudieran compartir tiempo con sus hijos y que resultara divertido para ellos también, un lugar que fuese visitado por gente de todas partes del mundo. Hoy es fácil entenderlo, pero imagínese que hace más de 50 años un amigo lo hubiera invitado a tomar un café y le hubiera pedido 500 mil dólares para asociarse y construir un parque donde la atracción principal sería un **ratón**... Más adelante le explico el porqué de este cuentito.

En 1998, dos jóvenes dejaron la universidad para abrir un negocio en la cochera de la casa de uno de ellos. Todos en su entorno estaban desilusionados viendo a estos dos jóvenes, inteligentes y con talento, dejar la universidad y privarse así de un futuro brillante. La empresa que comenzaban se basaba en un buscador de Internet accesible a cualquier persona que necesitara encontrar información sobre algún tema en la Red. La idea desilusionó a todos; sin embargo, esa pequeña empresa hoy se llama Google y vale miles de millones de dólares.

En 1996, el propietario de una pequeña empresa de café se despertó pensando: "A la gente de mi país le gusta el café que hacemos, sería una buena idea buscar socios que inviertan dinero en mi compañía y abrir locales en todo el mundo; así, aparte de ganar mucho dinero, haré que todo el planeta desayune con mis productos". Hoy en día, hay 15 mil 500 locales llamados Starbucks.

Una más. En 1975, otro joven abandonó sus estudios en Harvard por ir detrás de una idea que parecía sólo un sueño. Quería inventar un sistema operativo para que todas las computadoras del mundo se comunicaran entre sí y soñaba con conseguir que en cada escritorio y en cada casa hubiera una computadora. Era algo prácticamente imposible, dado que no existía la tecnología que lo permitiera, pero la idea fue más fuerte que las limitaciones. Esa idea, hoy tiene nombre: Microsoft. Su fundador, Bill Gates, es el segundo hombre más rico del mundo.

Ahora le explico el porqué de estas historias. Pregúntese: ¿Qué tienen en común estas cuatro personas? Todos, al igual que miles de otras personas anónimas, llegaron al éxito por los siguientes motivos:

1. Generaron ideas y las llevaron a la práctica.
2. No permitieron que las limitaciones superaran a las ideas.
3. No dejaron que su entorno los intoxicara con pretextos.
4. Tomaron acción inmediatamente, sin esperar a que las condiciones fueran perfectas.
5. Supieron hacerse las preguntas adecuadas.
6. Se anticiparon al resto.

Y la razón más importante es que todos ellos tenían cerca de cinco millones de *trabajadores* que estaban listos y activos para cumplir sus deseos...

Seguramente estará pensando: "Si yo tuviera esa cantidad de trabajadores, yo también triunfaría". Tengo que confesarle que esta vez tiene razón... Pero le pregunto: ¿De verdad, si los tuviese se comprometería a hacer realidad sus ideas? Bueno... ¡Felicidades! Desde hoy no tiene pretextos, porque esos cinco millones de trabajadores los tiene usted también, se llaman **células del cerebro** y están a su disposición para cumplir sus órdenes. Desde hoy, procure un estado mental armonioso para que esté atento a todas las ideas que pasan por su mente y a las que no pone atención por estar enfocado en supuestas preocupaciones, problemas, complejos, etc.

Todo ser humano genera ideas, lo sepa o no. **Tome nota de cada una y, sin duda, alguna le servirá para hacerse rico.**

CLAVE 42.

AYUDAR AL PRÓJIMO SIEMPRE ES UNA BUENA INVERSIÓN

Ya leyó gran parte del libro y confío en que esté preparado para leer, asimilar y aceptar lo que sigue.

Lamentablemente, la sociedad, el sistema capitalista y la economía, han hecho que, con los años, la gente sea más egoísta y sólo se preocupe erróneamente por su vida personal, sin siquiera pensar en ayudar al prójimo.

Es una ley de la vida –más que comprobada e independiente de creencias religiosas– que quien da, recibe, y que si usted se siente bien consigo mismo, producirá más dinero y mejores relaciones personales. Por consiguiente, si usted ayuda a alguien a vivir mejor, créame que los beneficios que recibirá serán mayores a la inversión. Por ello, le digo que **ayudar es una buena inversión** y que, además, su ejemplo servirá de enseñanza para las generaciones más jóvenes.

Piense por un minuto: ¿Qué prefiere, ayudar o que lo ayuden? Si está en condiciones de ayudar, agradezca la oportunidad y hágalo con gusto, porque el que recibe la ayuda desearía no necesitarla.

¿Cuántas veces ve a un niño pobre pidiendo ayuda?, ¿alguna vez pensó que usted y yo podríamos estar pasando por semejantes condiciones?, ¿qué culpa tiene el niño de ser pobre? Y aún más, ¿por qué juzgamos a ese desamparado, que tal vez tenga problemas de drogas o alcohol, sin pensar que si a nosotros nos hubiese tocado enfrentar su vida, quizá estaríamos igual?

Dejemos de juzgar y comencemos a ayudar sin mirar a quién. Esa contribución dará como resultado un futuro mejor para toda la sociedad. Quizá lo que usted dé a esa persona necesitada, hará que se evite alguna muerte, homicidio, robo o accidente.

Soñemos juntos por un instante: Digamos que usted es dentista, doctor, psicólogo, o presta cualquier otro servicio y que, desde la próxima semana, por medio día al mes, comienza a atender gratis a los pobres y necesitados. ¿Cree usted que esa ayuda lo hará sentir mejor?, ¿cree usted que se levantará con más energía y sintiéndose otra persona?

Pero, además de eso, ¿se imagina que esa ayuda desinteresada le pueda producir indirectamente más negocios y trabajo en el futuro? Yo no tengo duda de que así será. La lógica sería que si tengo que ir a un dentista, ¿por qué no elegir a alguien comprometido con la comunidad y de buen corazón? Éste sin duda me atenderá como merezco y seguramente no me hará gastar más de lo debido.

Así como el saber no ocupa lugar, ayudar tampoco, y cualquier inversión de dinero o de tiempo como voluntario en alguna causa de su elección, será compensada y multiplicada.

Comience a **dar** hoy mismo. ¡Recibirá el doble mañana!

CLAVE 43.

EN 5 MINUTOS LE DIRÉ SU FUTURO FINANCIERO

Hablemos de dinero y sobre cómo saber si vamos en buen camino, financieramente hablando. Aún más importante, usted podrá analizar en dónde estará en este aspecto en los próximos tres a cinco años.

Su futuro económico depende de cómo **hoy** maneja sus finanzas. El mal hábito de malgastar se puede cambiar fácilmente si se tiene la voluntad de hacerlo. Con una conversación de cinco minutos yo le puedo predecir ese futuro; responda estas simples preguntas:

* ¿Cuánto dinero ahorra de lo que gana?
* De ese dinero, ¿cuánto invierte?
* ¿Paga sus tarjetas de crédito por completo cada mes?
* ¿Cuántas veces al mes visita un centro comercial?
* ¿Cuántas veces al mes suele salir a comer fuera?
* ¿Cuántos autos financian en su casa?
* ¿Su pago de hipoteca es mayor a la mitad de su sueldo?
* ¿Está en sobrepeso?
* ¿Dónde se visualiza financieramente en cinco años?
* ¿Mejora su posición laboral e ingresos todos los años?

De la respuesta a cada una de estas preguntas depende su futuro económico. Usted mismo puede hacerse la encuesta y con ello tendrá una idea de dónde estará financieramente en pocos años.

El peor error que la gente comete es mentirse a sí misma y pensar: "Éste no soy yo, éste no es mi caso, en unos meses voy a ganar más y pago todo lo que debo". No permita que estos pensamientos lo confundan e inviten a seguir con una vida a medias, ya que eso sólo lo llevará a una dependencia de su trabajo y de sus tarjetas de crédito. De continuar con estos hábitos, se le hará casi imposible salir de este laberinto financiero.

A continuación podrá ver un ejemplo de las **respuestas adecuadas** que le harán salir del enredo financiero y le permitirán llegar a la libertad económica en menos de cinco años:

- Ahorre por lo menos 10% del ingreso mensual conjunto.
- Invierta todo lo ahorrado, mitad en una inversión segura y la otra mitad en una inversión con más riesgo.
- Es imprescindible pagar cada mes los saldos completos de sus tarjetas de crédito.
- Limite sus visitas a los centros comerciales (si es posible, a tres veces al año).
- Limite sus salidas a comer fuera, esto incluye comidas rápidas para los niños (una vez al mes).
- Deberá tener, como máximo, un auto financiado en su casa.
- Su hipoteca no debe superar la mitad de su salario.
- Debe hacer ejercicio mínimo 15 minutos cada mañana.
- Debe tener un mejor puesto en su trabajo cada 12 meses y sus ingresos deben incrementarse al mismo tiempo.

Éstas serían las respuestas para una familia de clase media en Estados Unidos que gana entre 2 mil y 4 mil dólares al mes en conjunto. Si sus ingresos son mayores, podrá ajustar las limitaciones anteriores a su criterio.

Ahora le muestro un perfil de las **respuestas incorrectas** que lo llevarán a estar en el mismo lugar que está hoy, o incluso peor, dentro de cinco años:

- Gasta más de lo que gana.
- No invierte en nada.
- No paga el balance total de sus tarjetas de crédito cada mes.
- Usted o su pareja visitan los centros comerciales todos los meses.
- Sale a comer fuera más de dos veces al mes.
- Tiene más de un automóvil financiado.
- Vive en una casa más costosa de lo que debería.
- No invierte tiempo y dinero en educarse financieramente.
- No asiste a seminarios de superación personal y negocios.
- No busca superarse en su actual trabajo.
- No busca ingresos alternativos.
- No come saludablemente y no hace ejercicio por lo menos tres días a la semana.

Ya tiene las dos opciones, usted elige si debe seguir echándole la culpa de su situación a la economía y a la supuesta mala suerte o bien, hacerse cargo de su vida y comenzar a vivir como un ser humano ganador y triunfador.

Si no logras salir rápido del fracaso, corres el riesgo de que te alcance.

CLAVE 44.

¿CÓMO HACERME MILLONARIO TRABAJANDO?

Este paso es esencial para esas personas que quieren tener libertad económica mucho antes de llegar a la edad de retiro y están dispuestas a trabajar día a día para cumplir sus metas.

Siempre se dice que nadie se hace millonario trabajando y esto es verdad. Es casi imposible llegar a millonario en sólo 10 ó 15 años trabajando para otra persona y haciendo lo que no le gusta. Uno de los secretos que todos los millonarios comparten es que consiguieron el éxito haciendo lo que les gusta y, obviamente, gastando menos de lo que ganan. Sin el hábito del ahorro, no podrá llegar a ser millonario, independientemente de cuánto gane.

Levantarse por la mañana sintiéndose motivado y con ganas de trabajar en lo que le apasiona le facilitará en un 50% llegar a sus metas. No deje su trabajo actual para seguir sus sueños, seguramente necesita ese dinero, pero dedique algunas horas diarias a ese nuevo sueño o meta que le da vueltas en la cabeza.

Lea libros y edúquese sobre su futuro negocio. Mucha gente ya se hizo rica en todas las áreas de negocios, por lo tanto lea sobre gente que trabaja en lo que a usted le agrada y copie sus métodos. Trate de buscar a una o dos personas que hayan logrado ser triunfadores en su negocio y pídales consejos. Invítelos a almorzar para conocer más sobre cómo lo hicieron. Se sorprenderá al ver que la gente de éxito está muy dispuesta a compartir con usted sus logros.

Nadie se hizo rico de un día para otro sin haber pasado cientos de obstáculos y desilusiones, por lo tanto no renuncie fácilmente a su sueño. A medida que se eduque y tenga una mejor conducta, podrá ver poco a poco los cambios en su vida.

Otro punto –yo diría que el más importante– es que después de saber a qué se va a dedicar o de haber elegido el negocio correcto para su personalidad y condiciones, elija bien a las personas con quienes lo llevará a cabo.

Mucha gente quiere cambiar su vida económica y familiar, pero el 90% no lo consigue simplemente por excusas irreales que programan en su cabeza y logran que el subconsciente se las crea. Recordemos que su subconsciente es el responsable de cómo está hoy y que éste sólo recibe órdenes de su consciente, que es usted. Así que si quiere cambiar su vida, hay que comenzar por cambiar lo que tiene en su subconsciente.

Tengamos en cuenta el poder del cerebro. Si se le pone un programa destructivo a una computadora, deberá comprar otra, pero si a su mente le inculca pensamientos destructivos, lamentablemente no puede adquirir otro, pero sí reprogramarlo. Reprograme su mente con un programa positivo y de metas reales. Verá que su subconsciente comenzará a trabajar y cumplirá sus órdenes.

Siendo más específico, una vez que descubrió su talento y está generando ingresos, comience a invertir por lo menos el 20% de sus ganancias y nunca retire ese dinero para nada que no sea otra inversión. Uno de los secretos para que crezca rápidamente su dinero es reinvertir el 100% de las ganancias de ese 20% que destina a la meta de llegar a ser millonario.

Otro detalle de suma importancia es que nunca invierta todo su dinero en una misma inversión, por más redituable que llegue o pueda llegar a ser la oportunidad. Es decir, no hay que poner todos los huevos en la misma canasta. Créame que este simple consejo puede prevenir mucho **dolor**. Otro punto a tener en cuenta es que a medida que pasan los años, debe ir reduciendo el riesgo de cada inversión, debido a que si tiene 40 años, y pierde todo su dinero, sin duda lo puede recuperar, pero si tiene 60, es posible que se le dificulte un poco más.

Defina su trabajo para los próximos 20 años, elija a las personas adecuadas para que lo acompañen en esta parte del juego de la vida, analice en que invertirá las utilidades, ¡y comience a visualizar su futuro!

"Cuando quieras algo que nunca has tenido, tendrás que hacer algo que nunca hayas hecho".

CLAVE 45.

¿ES USTED ADICTO A LAS BUENAS INVERSIONES?

Existen dos clases de inversiones que desde hoy usted debe incluir en su vida si quiere un mejor futuro.

Primera inversión: Invertir en usted mismo y/o su negocio o profesión. Independientemente de si usted limpia casas o es un abogado, puede comenzar a invertir en usted y en un corto tiempo sus ingresos se multiplicarán. Esto se consigue comenzando a creer en usted mismo y en sus virtudes. Si hoy limpia casas o recibe un sueldo de 10 dólares por hora, es simplemente porque usted no cree que merece más y, por lo tanto, los demás tampoco lo creen.

El ser pobre, abusado, maltratado, hijo de padres pobres, sin profesión, son sólo circunstancias de la vida que son superables, entendiendo que si concentra sus energías en su pasado, seguirá viviendo en las mismas condiciones, mientras que si se propone olvidar, perdonar y superar esa etapa, comenzará a darse cuenta de que la vida le tiene reservado mucho más y que sólo está a la espera de que usted vaya en su búsqueda.

En mis seminarios suelo sacar un billete de 20 dólares y preguntar quién lo quiere. Si es un evento en el que hay 300 personas, unas 200 levantan la mano, 98 ni hacen el esfuerzo, y sólo una o dos personas se levantan corriendo para quitarme el billete. ¿Quién cree usted que tiene más posibilidades de triunfar en la vida?, ¿entiende el mensaje? Si en un ejercicio tan sencillo, la mayoría de la gente ni levanta la mano, es comprensible entender por qué viven con carencias de toda clase. Simplemente su mente está condicionada a pensar que nada en la vida es para ellos. Si no cambian su mentalidad no cambiarán su vida.

Las personas que sólo levantan la mano sin hacer más, tienen el deseo, pero no la actitud necesaria para conseguir lo que quieren. Sólo

● ●

dos de 300 personas en ese ejercicio estaban conscientes de que en la vida hay que ir detrás de lo que uno quiere y desea. Este simple ejemplo aplica para muchas de las cosas que le pasan a diario en su trabajo y en su vida. **Moraleja:** Desde este momento haga un plan, ejecútelo y comience a invertir en usted.

Segunda inversión: Es de público conocimiento que el 90% de los millonarios, llegaron a su meta gracias a cómo invirtieron el dinero ganado con su trabajo.

Como lo mencioné anteriormente –y es válido y necesario repetirlo– es casi imposible hacerse millonario sólo trabajando; debe fomentar las conductas de ahorrar, arriesgar e invertir. Sin malas inversiones, sin errores, sin riesgo, nunca aprenderá a ser un inversionista profesional y triunfador.

Sin importar lo que usted gana, páguese usted primero. Pida a su empleador que le deposite su sueldo directamente en su cuenta de banco y que el banco automáticamente le deduzca el 10% y lo transfiera a una cuenta de inversiones o ahorros. Dependiendo de su edad, coloque un porcentaje en inversiones más o menos riesgosas. **Le doy sólo un ejemplo:** si usted tiene 30 años e invierte 300 dólares al mes a un retorno del 10% anual, ¡en 25 años tendrá por lo menos medio millón de dólares!

Este ejemplo es con 300 dólares al mes. Pero si en su casa trabajan dos personas, con sólo separar 600 dólares al mes, tendrán más de un millón de dólares en 25 años. Aún sin que gane más dinero puede hacer este ejercicio. Sólo con dejar de gastar dinero cada mes en cosas que no necesita o que compra porque son "baratas". Si suma todo lo que ha comprado y que no necesitaba en los últimos 10 años, verá que tendría más ahorros de los que hoy tiene.

Por otro lado, hay gente que, sin saberlo, le tiene miedo al triunfo y es adicta a las malas inversiones.

Hablemos de ello. Cuántas veces escucho decir: "No invierto porque todas las inversiones que he hecho me salieron mal, invertir no es para mí, las inversiones son para gente que tiene dinero, yo no sé nada de inversiones, no tengo dinero para invertir", etc. Sepa que **no se aprende mucho de los triunfos, pero sí de las derrotas.** El problema no es hacer una mala inversión, sino el no aprender de esa mala decisión, lo que lo lleva a invertir de nuevo cometiendo el mismo error... con igual resultado.

Si perdió dinero en una inversión, no se lamente. Revise paso por paso por qué resultó mal el negocio y la próxima vez que invierta en ese rubro, le garantizo que le resultará mejor. Piense que esa pérdida fue parte del precio para ser un mejor inversionista.

Otro punto importante: No se deje influenciar fácilmente por lo medios o por personas sin escrúpulos.

Siempre hay oportunidad de negocios en todos los rubros, sólo hay que seguir al mercado y aprender a cambiar, cada vez que sucede un cambio económico.

Cada semana, en los diferentes medios de comunicación en los que participo, cuando hablamos de inversiones no falta quien diga que no sabe nada de la Bolsa, la economía o de bienes raíces. Si usted sólo se enfoca en que no sabe, nunca aprenderá; debe cambiar ese pensamiento y entender que no hay que ser profesor de Economía para hacer una inversión o asesor financiero para invertir en la Bolsa.

Hace un tiempo, la Bolsa abrió perdiendo 200 puntos. Durante el segmento de radio en el que soy asesor financiero, varios clientes llamaron para preguntar si vendían sus acciones; por supuesto, la respuesta fue: **no.** Ese lunes dije que era un día para comprar, que al día siguiente la Bolsa abriría al alza y que entonces podrían vender con ganancias. En esa ocasión, hablamos de las razones por las que la Bolsa había bajado y de que, contrariamente a lo que decían los medios, la Reserva Federal bajaría su tasa. Efectivamente, el martes ocurrió lo pronosticado durante el programa y la Bolsa y las acciones subieron. Lo importante del asunto es que *yo no soy un experto en la Bolsa y ni siquiera hice un curso o estudié*; sólo me dejo llevar por las noticias, los mercados y mi actitud con la vida.

"Es muy fácil llegar a ser millonario antes de la edad del retiro, lo difícil es tener la conducta y perseverancia necesaria para no salirse del camino al éxito". Daniel Rutois

EL HOMBRE MÁS RICO DEL MUNDO: ¡UN LATINO!

Hablemos un poco sobre motivación, un elemento básico para las personas con metas y deseos de superación.

Hace un tiempo, la revista Forbes informó que el empresario mexicano Carlos Slim es el hombre más rico del mundo, superando a Bill Gates. Esto me llevó a pensar que, tal vez, muchas personas se sienten orgullosas por el sólo hecho de ser latinos o mexicanos como él, mas pienso que uno debe vivir de los triunfos personales y no de los ajenos. Siempre digo que los medios de comunicación se ocupan de que vivamos la vida del otro, y ésa es una de las causas responsables de la pobreza de mucha gente.

Que su equipo de futbol gane, no lo hace un triunfador; que un cantante famoso y reconocido sea de su país, no le dará ningún beneficio a su familia; que una película de su país gane un Oscar, no hará que usted viva mejor; y que un hispano sea el hombre más rico del mundo, no significa que usted tendrá más dinero. Por lo tanto, no crea que la motivación de la que hablaré es simplemente debido a que un hispano es el hombre más rico del mundo.

Lo que me impulsa a escribir sobre el tema es simplemente motivar a millones de latinos alrededor del mundo, demostrándoles lo que pregono hace años: que en cualquier país se puede triunfar .

Cientos de veces, la excusa que la gente me da fuera de Estados Unidos, cuando hablamos de conseguir una libertad económica, es que en su país es imposible ser un empresario exitoso. Ese pensamiento limita la actitud y la aptitud para salir de la pobreza en muchos lugares del mundo. Quizá, en los únicos países latinoamericanos en los que esa apreciación puede ser verdadera por ahora son Cuba y Venezuela. En el resto, **si usted lo desea y no permite** que las malas influencias políticas y familiares lo contaminen, se puede conseguir cambiar o mejorar su vida en menos de 12 meses.

El caso de Carlos Slim es público, real y un modelo a seguir. Nació, creció y habita en un país donde más del 50% de la población vive en la pobreza, donde cada vez la brecha entre el pobre y el rico se hace más grande, donde hay hambre y en donde cada día hay más jóvenes que dejan la escuela para emigrar o para ir a trabajar y llevar ayuda a su casa. ¿Le parece conocida esta realidad? Me imagino que sí, porque sin importar en dónde usted viva, posiblemente suceda lo mismo.

Entonces, si usted reside en un país similar al de este señor, habla su mismo idioma y sin duda le gustaría ser tan exitoso como él, ¿por qué no lo es?

Mi teoría es que se debe a que usted hace lo mismo que su vecino, que sus amigos, que sus parientes y que sus compañeros de trabajo, mientras que a este señor, cuando tenía ocho años, en vez de que sus padres lo llevaran a Disney o a comprarle una bicicleta nueva, lo sentaban y le enseñaban el valor del dinero, de lo importante de saber hacer negocios, de cómo se compra y vende una empresa, y de que cómo ese dinero que no se gasta en una bicicleta nueva, porque la vieja todavía funciona, se debe acumular para lograr un capital de negocios.

¿Ha escuchado que hay gente que supera obstáculos casi increíbles, que pierde el habla, o debe aprender a caminar de nuevo por haber sufrido algún accidente y, al igual que un bebé, comienzan de nuevo a aprenderlo todo? Bueno, usted puede aprender a manejar su dinero y a pensar como un empresario exitoso en cuanto se lo proponga.

Así que comience a trabajar en conseguir una nueva actitud que lo haga festejar sus propios triunfos y a reconocer los ajenos sin vivir de ellos. Mejor grite cuando anote sus propios goles. El día que lo haga se dará cuenta de que cambió su vida para siempre.

Recuerde que la vida no le paga por ser juez y juzgar a la gente, ¡le reditúa por ser creativo y exitoso!

CLAVE 47.

LOS 4 ENEMIGOS DEL ÉXITO

Este título surgió de un comentario que me hizo alguien que me conoció por medio de un segmento que tengo en la televisión. Me contó que había leído más de 10 artículos míos en Internet y me hizo una pregunta crucial: "¿Por qué no habla de las razones por las cuales algunas personas llegan al éxito y otras no?"

Aunque hemos abordado el tema en otras claves, escribiré concretamente al respecto y ¡qué mejor forma de hacerlo que nombrando a los **"enemigos"** del éxito!

Voy a nombrar a cuatro enemigos peligrosos que, a mi entender, son 100% responsables del fracaso de mucha gente:

1. Entorno social: Como ya lo sabe, su futuro depende en gran medida de las personas que lo rodean. Dicen que dinero llama dinero, y yo creo que fracaso llama al fracaso. Aléjese de la gente que yo llamo **"tóxica"**, esas personas con energía negativa que siempre se están quejando de la vida y que le echan la culpa de sus pesares a otros.

Busque personas que lo empujen a ir por más, personas que estén mejor que usted, en vez de personas que estén peor para sentirse mejor. Rodearse de gente que percibe en condiciones peores a la suya, para usted poder destacarse, es un gran error. Siempre mire y aprenda del que está mejor, y ayude al que está peor, pero mantenga la distancia. Recuerde que debería pagar cualquier precio por **estar rodeado de gente extraordinaria.**

2. Falta de motivación: Si usted no se levanta con ganas de vivir cada mañana, será muy difícil llegar al éxito. Se puede ser muy inteligente, haberse recibido de la mejor universidad y hasta tener mu-

• •

cho dinero, pero si no está motivado, además de que no conseguirá sobresalir, no podrá disfrutar de la vida.

3. Conformismo: En muchos casos, el ver a su alrededor y darse cuenta que hay gente que está en peores condiciones financieras que usted, lo lleva a conformarse con lo poco que tiene. El tener salud lo lleva a pensar que tiene lo más importante. Es una filosofía de vida de muchos y es verdad, pero es limitante e incentiva el conformismo. Comparto que sin salud no tenemos nada, pero entienda que tener salud es una aspiración mínima de sobrevivencia que no debe constituir un pretexto para no ir por más.

4. El trabajo: De los cuatro enemigos que menciono, éste tal vez sea el más dañino. Mucha gente deja pasar la vida por culpa de ese cheque seguro que recibe cada semana o mes y nunca se entera que pudo haber vivido muy diferente si hubiese perdido ese trabajo. La mayoría de las personas exitosas que conozco o de quienes leí, llegaron a ser exitosas gracias a que perdieron sus trabajos. El dolor los llevó a ser creativos, a descubrir sus talentos y a esforzarse por mejorar. **Muchas veces ese trabajo que usted protege y que ruega nunca se acabe, es su peor enemigo.**

Éstos son los cuatro enemigos que usted podría tener sin saberlo. Desde hoy, ¡aléjese de sus enemigos y comenzará una nueva vida!

CLAVE 48.

LOS 4 PASOS QUE CONDUCEN AL ÉXITO

En la clave anterior hablamos de los enemigos del éxito. Ahora trataremos los cuatro pasos fundamentales para conseguir el éxito.

El primer paso es, sin duda, el más importante: **Fijarse una meta realista y correcta.** No puede pretender ser un locutor exitoso si tartamudea; ser millonario, si en el fondo de su ser cree que el dinero es algo malo o que no lo merece; ser un gran negociador y no gustarle las relaciones públicas; querer ser abogada y no disfrutar tener la disciplina para el estudio; o, simplemente, querer ser exitoso fabricando ropa de invierno en Hawaii. Estos ejemplos son para que entienda la importancia que tiene el fijarse la meta correcta.

Mucha gente **nunca** se fija una meta definida para su vida y vive a la deriva. Tal vez estas personas nunca planearon el trabajo que tienen, la casa en donde viven o las inversiones que harán; sólo van llevados por las circunstancias o las influencias y órdenes de un tercero.

Son pocos los que tienen objetivos claros, pero son justamente ellos los que consiguen el éxito. Es ese grupo privilegiado al que siempre describo como el 10% de la población mundial.

Lo motivador y real de esto es que **cualquiera** puede entrar a este exclusivo grupo. Sí, con todas las letras: **c u a l q u i e r a.** Lo difícil es que usted lo crea, el resto es bastante fácil de alcanzar. Escriba entonces su primera meta.

Segundo paso: **Educación y preparación.** Una cosa es ser plomero porque se preparó en una escuela especializada y, otra, porque le enseñó su jefe o alguien en la familia. Si quiere sobresalir, edúquese en su profesión o en el campo que elija. Es vergonzoso ver a vendedores que pueden ganar cientos de miles de dólares a quienes, cuando se les ofrece que tomen cursos de capacitación, no lo hacen para no "gastar" o porque "no tienen tiempo". Esas son las personas que sólo sobreviven o deben de incurrir en acciones ilegales o sin ética para ganar dinero.

Prepárese con una buena presentación mental y por escrito sobre cómo ofrecerá sus servicios o trabajo, sea constante y no le diga a un cliente o prospecto una cosa y una diferente a otro. El mundo está siempre muy conectado. Tenga presente lo que le voy a decir, ya que es clave: Hable con cada prospecto como si fueran 10 personas las que lo están escuchando. Es decir que, si pierde a ese cliente potencial, está perdiendo a otros nueve que éste le podría referir.

Tercer paso: **Su salud y apariencia.** Si quiere sobresalir, cuide su cuerpo y su mente. En muchos rubros si está excedido de peso, o no se ve saludable, es posible que transmita desconfianza, falta de conocimientos y hasta se le subestime. La apariencia juega un papel muy importante y estoy convencido que puede ser determinante en muchas negociaciones porque connota un lenguaje no verbal que habla de usted sin que tenga que abrir la boca. A veces, una inadecuada vestimenta en los profesionales los pone en segunda fila sin ellos saberlo siquiera.

Cuarto paso: **Creatividad.** Hablo mucho de este tema y no me cansaré de hacerlo, por la importancia que representa. En cualquier profesión o trabajo, para sobresalir, todo lo que se requiere es ser creativo y "único". ¿Por qué algunos agentes de bienes raíces ganan cientos de miles de dólares y otros ni pueden cubrir sus gastos?, ¿por qué algunos abogados hacen defensa de infracciones de tráfico y otros representan transacciones multimillonarias? Simplemente porque unos son creativos y únicos.

Estos son, para mí, los cuatro pasos más importantes para llegar al éxito. Obviamente estos conllevan muchos otros pequeños pasos como aprender a decidir y tomar acción, aceptar nuevos riesgos, saber escuchar, aprender a dar sin juzgar, a no tomar los negocios de forma personal, a tener paciencia, perseverancia, y a disfrutar de lo que uno hace.

Busque modelos. Si hasta hoy usted era un periodista o presentador que envidiaba a Don Francisco, desde hoy cambie la envidia por admiración y se sorprenderá con los resultados. Si es un empresario que piensa que la buena suerte acompañó a Donald Trump, comience a pensar qué hizo para lograr lo que obtuvo. Para quienes no reconocen los méritos del señor Slim, enfóquense en las virtudes que lo llevaron a ser el hombre más rico del planeta. La envidia y el juzgar a otros, lo llevarán a una vida mediocre: ¡la admiración y reconocimiento lo harán exitoso!

CLAVE 49.

SE BUSCA TALENTO HISPANO

Las estadísticas de finales de 2010 en Estados Unidos muestran que alrededor del 10% de la población está desempleada o sin trabajo fijo. Muchas de esas personas son de origen latino. Lo mismo, o tal vez en proporciones mayores, sucede en la mayoría de los países de América Latina, en donde millones de personas esperan horas, en largas filas, para una entrevista de trabajo que les permita ganarse la vida.

¿Cuántas veces ha visto usted un anuncio que diga: "Se buscan personas con talento"? Posiblemente pocas, o ninguna, pero sepa que eso es lo que busca toda empresa, en cualquier parte del mundo.

Antes de buscar una actividad remunerada, descubra **su** talento y luego localice un empleo en el que pueda desarrollar esas aptitudes y resolver las necesidades de quien lo contrate. Así como nació con 10 dedos, una cabeza y dos orejas, también nació con, por lo menos, un talento que, aunque no es visible, habita en su interior.

Cuando llegué a Estados Unidos comencé a buscar trabajo; no hablaba inglés, no conocía a nadie, no estaba familiarizado con el sistema, etc. Sabía que tenía talento para las ventas pero que, como vendedor independiente, me tomaría meses comenzar a generar recursos, así que pensé en ofrecer otro talento. Le confieso que me costó encontrarlo. Me dije: "Soy un buen conductor de autos y sé tratar a la gente en forma cordial y respetuosa, así que comenzaré manejando limusinas".

Tomé el periódico y fui a una entrevista en una empresa de limusinas en Miami. Cuando llegué, había más de 20 personas en la fila, así que tomé un papel y escribí: **"Señor gerente, por favor no contrate a nadie hasta que hable conmigo"**. Le di el papel a la secretaria y le pedí que se lo diera a su jefe. En menos de 10 minutos, el jefe me llamó, me sacó de la fila y me entrevistó. Durante la entrevista se dio cuenta que yo estaba recién llegado y me preguntó: "¿Conoce las calles de Miami?" Pensé mi respuesta por segundos y le dije: "La verdad que no, pero si usted me contrata, saliendo de aquí me compro un mapa y en dos días conoceré la ciudad igual que usted". El hombre sonrió y me dijo: **"Está contratado** y quiero que sepa que su respuesta fue muy buena, pero le doy el trabajo no por esa respuesta, sino por haberme hecho llegar el papel y haberme ahorrado horas de entrevistas. Ya puede ir a comprar su mapa".

Cabe aclarar que sólo trabajé ahí por muy corto tiempo, porque necesitaba un trabajo con más creatividad y mayores ingresos, pero la experiencia me dio la confianza que necesitaba para dejar las excusas que tenía en la cabeza y dedicarme a las ventas. En dos meses, estaba ganando más dinero que la persona que me contrató en el negocio de las limusinas y que tenía más de 20 años en ese trabajo.

La moraleja es que, **descubriendo sus talentos, siendo creativo, eliminando las excusas y teniendo ganas reales de superación, usted puede conseguir un trabajo mañana mismo.**

Investigue cuál es la empresa en la que le gustaría trabajar, preséntese, pida hablar con los directivos y véndase usted mismo. Sea creativo y demuestre ser diferente. En el caso de cargos de ventas o de puestos en donde se espera gran iniciativa de su parte, este tipo de actitud le puede redituar de inmediato. Es más, se presta para que se ofrezca a trabajar sin sueldo por un mes y sólo espere compensación por comisiones de ventas durante ese plazo. Con tacto y sutileza, encuentre la manera de comunicar a la persona a cargo que ellos lo necesitan a usted más que usted a la empresa misma. Conseguirá el trabajo.

Los límites los establece usted mismo. Si uno de sus talentos son las ventas y las relaciones públicas, lo invito a que me envíe su currículum, sin importar en qué país resida; si me demuestra su talento, yo le mostraré un futuro brillante.

Desde hoy recuerde siempre, que trabajo hay mucho; lo que falta son personas que descubran que tienen talento y sepan venderse a sí mismas.

Sé que hay mucha gente que no ha tenido la oportunidad de prepararse o educarse lo suficiente pero no por eso deben esperar a que algo o alguien les solucione la vida. Muchas veces, el no tener trabajo es lo mejor que le puede pasar, porque le hace cuestionar prioridades y hacer un análisis del potencial de sí mismo y de su alrededor, mientras que cuando se tiene trabajo a veces éste se conserva por inercia o por miedo, ya que el ser humano es conformista y temeroso por naturaleza.

Cualquiera puede cambiar su vida. Conviértase en su propio jefe y comience su propia actividad. Por ejemplo: Empiece dándose a conocer en su barrio como la persona honesta que lava los autos a los vecinos. En dos meses tendrá suficientes autos para lavar, pudiendo así mantener a su familia. Luego vaya casa por casa y ofrezca arreglar lo que haga falta, trabaje bien, cobre poco y pida que lo recomienden. En dos meses tendrá su pequeña empresa de reparaciones. Busque un barrio de casas costosas, lleve las herramientas necesarias y ofrezca podar un árbol o cortar una palma, verá que en dos meses tendrá su empresa de jardinería. ¿Es talentoso en la mecánica? Cambie aceite de los autos a domicilio y en dos meses necesitará empleados para cumplir con todo el trabajo que ha generado.

Usted, señora o señor, que tal vez tiene que permanecer en casa por cuidar a sus hijos o a un adulto mayor, descubra su talento y lo que le gustaría hacer. Ofrezca sus servicios a empresas interesadas en ahorrar dinero evitando tener un empleado en la nómina. Puede diseñar, pintar, dibujar, escribir, hacer llamadas telefónicas, procesar documentación de oficinas, etc. ¡Si de **verdad** quiere generar dinero, lo puede hacer!

Podría seguir con cientos de ideas, pero espero que haya captado el mensaje. No importa lo modesto que sea, lo marginado que crea ser, lo poco talentoso que erróneamente piensa que es: Lo que importa es que sea diferente al resto y deje las excusas. Ejecute ideas únicas para crecer en la vida.

CLAVE 50.

EL COMIENZO

Es posible que conforme usted iba leyendo el libro, estuviera pensando: "Ya me queda menos para llegar al final". Si no se fue sorprendiendo durante las 49 claves anteriores, lo hará ahora.

Esto recién comienza, en este mismo instante. Acaba de aprender a cómo caminar por la vida con una perspectiva y una apertura mental que le ayudará a evitar los tropiezos, accidentes, las caídas y desilusiones; con esta base preliminar, usted se permitirá avanzar con la confianza en el porvenir de quien no teme caer porque arriesgarse es vivir.

Si leyó las 49 claves anteriores, está en condiciones óptimas para ese examen final de autodescubrimiento y sabrá si se graduará con honores de esta primera fase de la Universidad del Éxito.

Examen escrito exclusivamente para:

_____

(escriba su nombre)

Veamos si se ha graduado con honores de la primera fase de esta universidad virtual: la **Universidad del Éxito Personal y Financiero.**

1. ¿En este instante se siente una persona diferente?
   SÍ   NO

2. ¿Está consciente de la importancia de la autoayuda
   y automotivación?
   SÍ   NO

3. ¿Está dispuesto a invertir tiempo en aprender más sobre el poder de su mente y de su subconsciente?
   SÍ   NO

4. ¿Comenzará a ahorrar el 10% de su salario?
   SÍ   NO

5. ¿Se siente más confortable con realizar inversiones?
   SÍ   NO

6. ¿Se compromete a hacer 15 minutos de ejercicio al día?
   SÍ   NO

7. ¿Concuerda con que la creatividad y una buena actitud, le conducen al éxito?
   SÍ   NO

8. ¿Está dispuesto a perdonar, olvidar y aceptar a la gente como es?
   SÍ   NO

9. ¿Escribirá sus metas para los próximos 12 meses, hoy mismo?
   SÍ   NO

10. ¿Ya puede ver en dónde estará en 3 años?
    SÍ   NO

11. ¿Conseguirá un ingreso extra con un negocio propio?
    SÍ   NO

12. ¿Desde hoy será protagonista?
    SÍ   NO

13. ¿Está dispuesto a comenzar a dar, sin esperar a cambio?
    SÍ   NO

14. ¿Invertirá tiempo en sus nuevas ideas?
    SÍ   NO

15. ¿No se detendrá hasta que descubra sus talentos?
    SÍ   NO

16. ¿Está dispuesto a dejar a los amigos tóxicos?
    SÍ   NO

17. ¿Negociará desde hoy un mejor puesto de trabajo cada 12 meses?
    SÍ   NO

18. ¿Comprendió el poder que tiene: la anticipación, el silencio y la palabra?
SÍ   NO

19. ¿Invertirá dinero en usted?
SÍ   NO

20. ¿Siente que hoy es el primer día de su nueva vida?
SÍ   NO

Si respondió 15 de las preguntas en forma positiva, ¡usted ha aprobado! Puede estar feliz porque conseguirá cambios trascendentes en su vida, los cuales podrá heredar a sus seres queridos. Y yo sentiré que he aportado un granito de arena más a la meta de difundir el concepto de que si quiere, lo puede hacer. ¡Ahora sabe que está en usted mismo lograr una vida nueva y brillante!

Será un placer conocerlo un día. Tal vez en alguno de mis seminarios o cuando nos volvamos a encontrar en mi próximo libro, cuando me escriba acerca de sus triunfos o ¡cuando lo vea en televisión siendo entrevistado por el cambio positivo tan radical en su vida!

CONCLUSIÓN

¡Felicidades! Tal vez todavía no esté consciente de que está entrando en un exclusivo club de personas que cambiamos nuestra vida consumiendo la información adecuada.

La realidad es que las herramientas que compartimos aquí funcionan, pero es uno mismo el que debe aprender y decidirse a utilizarlas.

Cuando tenga uno de esos días que todos tenemos, en el que dudamos si estas herramientas pueden de verdad cambiar nuestro destino, le sugiero que recuerde el siguiente ejemplo:

Dos señores están en una competencia frente a dos árboles idénticos. A los dos les dan la misma clase de sierra y les dicen: El primero que corte el árbol ganará un millón de dólares. Uno de los señores corta el árbol en seis minutos y el otro nunca termina de derrumbarlo.

¿Cuál es la moraleja de esta historia? Simplemente que la herramienta funciona bien, la falla estuvo en el señor que no tenía ni la actitud ni la práctica suficiente para cortar el árbol.

Estoy consciente que durante el desarrollo de las 50 claves fui contradiciendo mucha de la información que ha escuchando durante toda su vida. Créame que gracias a eso, los resultados que obtendrá también serán diferentes.

A partir de hoy, el color de la suerte es el que se pone voluntariamente cada mañana; el horóscopo de su vida lo decide usted; es decir, que el mejor mes para tomar acción y decisiones puede que sea enero, pero también lo puede ser febrero, marzo, abril y cada mes del año. No más limitaciones, ni consumo de información tóxica.

Desde hoy la vida es un juego y no un desafío o una lucha. Vamos a controlarla sin permitir que ésta nos controle a nosotros. Nos levantaremos cada mañana pensando que tenemos otra oportunidad para jugar... verá que ese pensamiento lo hará vivir más distendido y creativo.

A partir de hoy lo que usted llamaba problemas, serán situaciones que tienen solución, va a recordar que está científicamente comprobado que los problemas son siempre más pequeños de lo que nuestra mente cree.

Desde este instante va a negociar con la vida, la gente y el universo, y de esta forma conseguirá todo lo que se plantee y desee. Si quiere amor, tendrá que darlo; si quiere más dinero, tendrá que ganárselo; si quiere más salud, tendrá que cambiar sus hábitos alimenticios.

Conseguirá todo con sólo saber **qué** intercambiar para cada cosa o situación y de esta forma estará en camino a graduarse de la universidad mayor con título de **"negociador"**.

Ahora sí, para despedirme, le confieso una realidad muy personal que espero nunca olvide:

Yo estuve en donde posiblemente está usted hoy; usted puede estar ¡en donde yo estoy hoy!

AGRADECIMIENTO

Quiero darle las gracias a todos y cada uno de ustedes, que esperaron más de dos años a que terminara mi primer libro.

Sin titubear, les aseguro que sin sus deseos y motivación, no hubiese podido concretar esta meta.

En este mismo instante comienzo a escribir mi segundo libro que, prometo, tendrá las herramientas que le siguen a estas 50 claves que ya adquirieron y les abrirá nuevas puertas en este mundo creado para ganadores, como cada uno de ustedes.

La sorpresa que les tengo, ¡les hará tocar el cielo con las manos!

Lo invito a que apunte mi correo electrónico para que muy pronto me cuente de sus triunfos y, si usted me lo autoriza, los compartiré con la gente en mi próximo libro.

Dany@DanyRutois.com

¡Nos vemos en la cima!

www.DanyRutois.com

www.ingramcontent.com/pod-product-compliance
Lightning Source LLC
Chambersburg PA
CBHW021954170526
45157CB00003B/991